天下文化

BELIEVE IN READING

解讀者

讓閱讀進階，接軌真實情境和真實問題

黃國珍——著

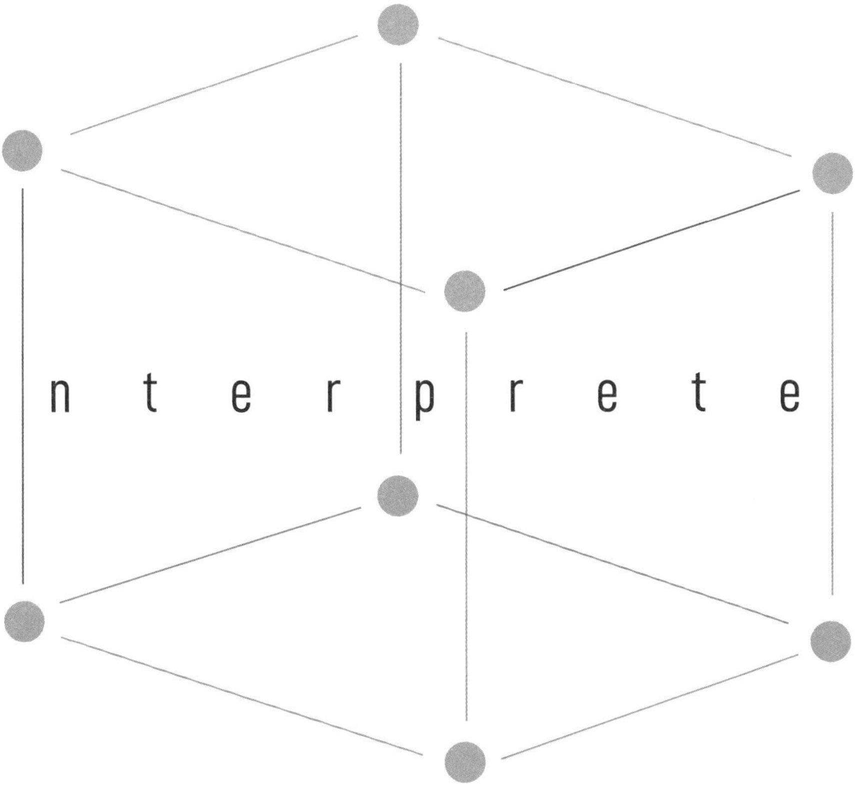

Interpreter

目次

7

獅子王、英雄之旅與金花的蛻變

推薦序

書若是茶、酒、咖啡，那「解讀者」究竟扮演什麼角色？

楊斯棓（醫師、暢銷作家）

在下作品《人生路引》問世後，受訪時經常有人提問：「近來網路上有很多課程，標榜一年幫你讀幾本書，收年費，給你濃縮書本後的簡報檔。你怎麼看？」

真是大哉問。

我先假設你同意這個比喻：有些書就像美式咖啡。美式咖啡的組成是濃縮咖啡加熱水，那類課程就像有專人挑出書中精采、重要的部分，匯集點滴為一杯濃縮咖啡，為你奉上，讓你一飲而盡。

對有些人來說，他很享受這種感覺，他覺得快速吸收了書中重點。一飲而「盡」，指的是「完結」。某本書，我們快速「get」了。

對另一些人來說，他們抗拒這種讀書法。一飲而「盡」，指的是擔心濃縮咖啡喝慣、喝多了，將導致所剩不多的閱讀興致逐漸「死亡」。

我可以理解眾說書人充滿傳播知識的熱情，但一些任職出版社的朋友對這類課程「有異樣感覺」，原因是有時一本書的所有重點若製成一份檔案，傳給了數千位付費會員，那很可能同時表示該書因此也少賣了至少數百本。開課單位若付給出版社一筆權利金，事先取得做書籍濃縮版檔案的正當性，可能會創造出多贏局面。

關於閱讀，我也曾有數量迷思。多年前，有一次跟友人聊天，對方問及年閱讀量，我據實以告，對方聞四百本竟忿忿，直呼：「怎麼可能，難道四百本都牢記在大腦中嗎？」

我據實回答：「並沒有把四百本都牢記腦中，事實上也不需要。」如同郝明義先生在《越讀者》一書中曾說：「有些書就是需要『觀其大略』，有的需要『不求甚解』，有的則需要『熟讀精思』。」四百本中，最花時間的其實就是需要熟讀精思的那幾本書，至於數量有多少？如果用帕列托法則來看是八十本，容我打對折抓四十本就好。我這麼持論，意思是四十本費勁解讀，三百六十本採取略讀（吸收的程度可用他人讀濃縮版本類比）。

我藉著國珍兄的書名「解讀者」一詞，繼續拆解詮釋那則大哉問。想像我帶著三十本胡長松先生的作品《幻影號的奇航》到某國中的一間教室內。我事先徵得導師同意，聲明願意無償贈送這本書給全班學生，唯一的條件是，當天的自習課他們必須放下手邊的事情，只能閱讀這本書，下課鐘響，書就歸他們所有。那節課他們每一位頓時都成了參與者、閱讀者。

如果我跟導師再多爭取一堂課的時間，希望他們寫下上一堂課的閱讀心得，完成後，我們會發現至少有四種型態：

◆有些學生的閱讀心得，大多摘錄自書中文句，但摘錄下來的顯然不是重點。

◆有些心得是把書中眾多重點一一清楚羅列，但也僅止於此。

◆有些心得屬於兀自抒發，跟書的宗旨毫不相干。

◆有些心得是根據書中重點，反芻後融合閱讀者自身的既有觀點，揉合摶聚成新論點。

第一種學生，是抓不到重點、茫茫然的閱讀者。

第二種學生，在制式的考試中如魚得水。他們是「爭取時間，把握重點」的乖寶寶閱讀者。

第三種學生，是早慧的超譯者。

第四種學生，則最接近國珍兄筆下的「解讀者」。

國珍兄這本書有強烈的企圖心，要引導閱讀者成為一流的解讀者。他談歷史，論證哪些歷史人物算得上是秀異的解讀者，並解釋解讀力為何重要，也用各種角度教導讀者如何具備解讀力。

相較於當一位「閱讀者」，要能勝任「解讀者」的角色，可能要耗上十倍力氣。

回到我說的四十本書之於四百本書的例子，以那一年來論，我大概是四十本書的解讀者，以及三百六十本書的閱讀者。

再回到那則大哉問，我認為那類型課程，可以緩解人們對於三百六十本書的知識焦慮，但我們終究得自己擔下四十本書的解讀者角色，我們才會進步神速，往理想目標前進。

什麼樣的書，我們必須拒絕濃縮版，而需自己解讀？對不同背景的人，不盡相同。

舉《雪球：巴菲特傳》或《窮查理的普通常識》為例，我親自閱讀的收穫，一定遠遠大於濃縮版，為什麼？因為主角智慧高深，兩書內容深入淺出，每一個段落皆來自經年累月的智慧。試問這種書怎麼可以只讀濃縮版？一定會遺漏大量重點。

國珍兄引述巴菲特之語：「我什麼都讀，企業年報、報表、傳記、歷史書、每天五份報紙，在飛機上，我會閱讀椅背後的安全指南。閱讀是很重要的，這麼多年來，是閱讀讓我致富。」

你若讀完本書卻忘記他曾引述巴菲特之語，你仍是一位閱讀者；而你若記得他曾引述的話語，我會認為你是高竿的閱讀者。

但你若是一位解讀者，就該把過去對巴菲特的印象，跟書中這段文字在腦中「對撞」。這時候問題來了，如果你的腦中只有一則新聞，提及巴菲特急著脫手波音航空，就很難據此和書中文字「對撞」後產生思想火花。這意思是，一位好的解讀者，前提是他得是勤快的閱讀者。累積夠多的閱讀素材，解讀品質會因此提升；解讀力提升了，就有能力處理更多閱讀素材。

讀了巴菲特那段話之後，我產生幾個想法跟疑問：

第一、我很認同巴菲特的閱讀觀，安全指南也是閱讀素材，而且跟閱讀者閱讀後半天內的命運高度相關；企業年報當然也是閱讀素材，它跟投資者接下來數年的投資成敗息息相關。

第二、不知機上乘客有多少比例會閱讀安全指南？而已閱讀者若不幸遇上災難，能正確操作相關設備者不知又占多少百分比？

第三、有沒有方法可以提升機上乘客的安全指南閱讀率？若然，是不是可以減低災害發生時的傷亡率？

知曉製作書籍濃縮版的人，等於懂得端出濃縮咖啡。

一飲而盡者，即可稱為閱讀者。

若把書比喻成茶、酒、咖啡，解讀者該是品茗師、品酒師與咖啡鑑賞家。

序

思考、思考、再思考

書寫完了，看著桌上第一次列印出來的稿子，還是不敢相信這是自己的第三本書。

前兩本以閱讀為主題的書，意外獲得讀者朋友與出版先進的肯定，給我很大的鼓勵，也因此有了第三本書的邀約。但思考第三本書內容的過程，卻耗去了原先預定書寫時間的一半。在這想定又推翻的反覆過程裡，我想起了米蘭．昆德拉於一九八五年領取「耶路撒冷文學獎」時發表的演講〈小說與歐洲〉中引用的猶太格言：「人類一思考，上帝就發笑！」我想，上帝若看到我搔首苦思的情景，可能會笑著說：「這傻子！」但也因為想起這句格言，讓這本書有了方向。

我在寫上一本書，思考「探究」與「閱讀」的關係時，心中一直出現另一個值得探討的問題，不過當時因為聚焦在探究歷程上，所以先將它擱置一旁。這次受邀再寫一本書，且讀者不限於老師或是家長，是更為廣大的讀者群時，我認為原先擱置的問題，正好可以做為這本書探討的核心內容。

當時盤旋在心中的問題是：閱讀是處理訊息、建構認知的素養，而探究是從未知建構已知的歷程，兩者是我們理解事物的基礎。閱讀教育在各級學校推動多年，台灣學生整體的表現雖然有進步，但似乎缺乏持續性與穩定性，這背後的原因是什麼？

有一次閱讀物理學家愛因斯坦生平資料，看到文章中他談自己如何進行學習，說：「思考、思考、再思考。」讀到這幾個字，我腦中忽然靈光一閃，久據心中關於閱讀教育的問題，頓時有了新的解讀。

閱讀真正的問題是缺乏思考

面對台灣學生閱讀學習的表現未能持續穩定成長，我認為，不該理解為學生不會閱讀，較接近事實的解讀是學生不善於思考。

理解並非複製或承襲他人的答案，也不是天啟般的靈光乍現，而是面對問題，持續思考積累的結果。

若是如此，在生活中有沒有一種具體而且普遍存在於各領域，能超越「理解」，同時表現出閱讀與探究上，思考、思考、再思考的精熟能力和積極的行為呢？

如果閱讀與探究的目的是為了達到理解，我想在生活中，的確有一種行為與理解的內涵一致，但蓄含著比一般理解在態度上更為積極主動想深究背後道理、而思考上要求更加嚴謹與成熟的認知表現，那就是「解讀」。

「解讀」（interpretation）是對某事的解釋，也是對其內涵的觀點，反映解讀者本身的主體涵養與專業能力。

因此，解讀需要高度精熟的閱讀素養，以及更加敏銳的自我覺察與監控能力。當個人的「閱讀」提升到「解讀」的層次，對解讀者而言，是一場內在深度的蛻變。同時，對外的視界與影響力，也將有明顯的差異，使生命與心智思維提升。

不過，下一個問題是，這樣強大的能力，每個人都有機會擁有嗎？

令人欣慰的是，多位在不同領域上表現卓越的領導人物，甚至為世界帶來創新改變的名人，都嘗試將自身的經驗整理成為包含思維與步驟的方法，讓我們能從他們身上看見並且學習對外探究與對內覺察的解讀能力。

這群跨越時代、區域、身分、文化的謀略者、縱橫家、哲學家、心理學家、設計家、管理大師與企業家，共通之處就是他們都以強大的解讀能力，從表層的現象深究問題，為個人或整個時代面對的挑戰帶來洞見。我稱他們為——「解讀者」，也是這本書書名的由來。

解讀書本知識，也解讀真實世界

《解讀者》是一本任性的書，也是一本大膽的書。整本書的內容，延續我在前兩本書的寫作態度，書寫生活中的閱讀經驗，還有對閱讀素養的思考。為什麼這是本大膽的書？因為，這次我在分享個人經驗、引介名人與專家實際提出的方法中，試圖去歸納並建構出可以說明一般閱讀者逐步進階、轉變為解讀者的內在過程。從而回應閱讀教育長期以來強調透過持續閱讀並內化內容、改變讀者內在條件的論述。

我以實際的工作經驗，讓閱讀場域從書本轉換到真實的世界，面對真實的問題。並將閱讀的目的，從滿足個人需要，延伸到滿足客戶與企業的真實需要。分享實際應用書中介紹的思維與思考工具的情境，說明閱讀素養與企業高階思考的相關性。

此外，我借用心理學與神話人類學的個體化象徵與原型，討論讀者在閱讀中穿越閱讀內容、內在成長蛻變為解讀者的歷程，反思閱讀與生命成長的關係。在最後，我大膽的以讀者生命主體為核心，建立一個會隨著外在條件、動態更新的知識與經驗存有，形成理性與感性同在，內在覺察與外在探究並行，以解讀與創造為目的的解讀者心智模型。

這些內容並非試圖建構嶄新的理論，因為這本書的內容遠遠無法企及那樣的高度。然而，我真心希望書中的文字和圖解，足以讓各位理解較為抽象與難解的片段，明白解讀行為的價值與解讀者對自身成長與完整性的影響。

前面提到的猶太格言：「人類一思考，上帝就發笑！」如果就一般解釋來看，中文有句諺語含意與它相近，就是大家熟悉的：「人算不如天算」。上天的旨意，我們凡人如何能參透。而且人們的思考有太多的干擾，往往不是把事情想清楚，而是想得更為複雜，逐漸遠離真相或真理。換作我是上帝，看著一群人都是如此荒謬，我應該也會笑吧。

我們並不如自己想像中那樣睿智。但是我們就因為上帝會發笑就不思考嗎？我不這樣認為。我反而覺得，就是因為有笑聲，我們更需要思考。思考才有機會明瞭為什麼人類的行為會令上帝發笑，也才有機會明白我們身處的境地，知曉自身的愚冥。能有這樣的覺知，就不至於陷入無明的狀態。

對我來說，無知不代表真正的愚昧，無知只是尚未知曉的狀態。可是無力覺察與理解外在環境或內在感受的無明，對於既定觀念不加思考而盲目接受，就是真正的愚蠢了。

不知道上帝看到祂創造的人類放棄思考的行為，會有什麼反應？上帝沒表示意見，不過愛因斯坦說話了，他說：「天才和愚蠢之間的區別，就是天才是有極限的。」

世界一直在向我們傾訴，但是我們似乎失去解讀它的能力或是充耳不聞。人們總是期待答案，尤其是來自於他人的答案，以迴避自己的問題。而自己最根本的問題是——沒有獲得答案的能力。

未來難測，但終究是過往的延伸

蘋果電腦創辦人賈伯斯是卓越的創業家，也是能洞見未來世界的解讀者。二〇〇五年，他到史丹佛大學對畢業生演講，談起他自大學休學後，順應自己的好奇心選修課程，學習了「serif」與「san serif」兩種字體與活版印刷，體驗到科學無法捕捉的美、歷史感與細緻的藝術，觸發了第一台麥金塔電腦的設計過程。他在故事結尾說道：「你沒辦法預見這些點點滴滴如何連繫，唯有透過回顧，才可以看出彼此關連。所以你必須相信，無論如何，這些點點滴滴會在未來互相連結，你必須相信某些事情，像是你的直覺、天命、人生、因果，諸如此類。這樣的想法讓我永遠不沮喪灰心，也的確塑造了我人生中所有的不同。」這段話讀來，又讓我想到那句猶太格言。賈伯斯如此有卓見的人，在面對命運時，也無法參透這一切安排背後的旨意，只能藉由回顧來明白其中的奧妙。

或許我們一生早已有寫好的劇本，但我寧願相信，每個當下的選擇，還是掌握在自己手中。我沒有能真確看見未來的天分，但是有品質的解讀當下所見所聞，解讀自身每一刻的心念流轉與體悟，為每一次選擇做出深思熟慮的判斷，是我可以努力的。我相信，未來的輪廓將會顯現在每一次的選擇中，或許那才是真正的劇本。不過，這一切也只能等回顧時才能印證了。

曾經我們很難想像，有一天醒來，世界不再是熟悉的日常。然而此時此刻，面對的諸多問題一直看不到盡頭，真相在眾說紛紜中化為碎片，道理成為攻擊的武器，事實或謊言難以區分，贊成與反對都以真理為名。面對如此紛亂的時代，每個人不只需要閱讀，更需要解讀的能力，成為生活的解讀者，工作的解讀者，生命的解讀者，最後做為自己的解讀者，在命運的腳本中，思考、選擇、蛻變！

這本書獻給願意在生活裡尋找答案，在工作中成就價值，為生命創造意義的解讀者。

1

借東風、東道主與線上算命

改變個人與國家命運的能力

洞察先機的智者

化解國家與個人危難的謀士

知道別人不知道的事，是很有價值的能力

人類文明發展的進程中，掌權者總是渴望一種人出現，欲將其占為己用，但又畏懼他們的能力與存在，以致於想要除去他／她才覺得安心。是什麼樣的人身負如此極端的命運？

《三國演義》是一部精采的章回小說。故事的舞台跨度從東漢末年到西晉初年近百年間的歷史，書中大約有二百名人物登場，呈現三國時代諸國豪強間政治、軍事、利益的爭奪，以及人性與謀略的博弈。雖然它是以「演義」為手法的小說，但有時候小說中的人性比真實更加赤裸，令我們不由得去思考故事中源自真實卻僅能「演繹」之事。

《三國演義》第四十九回〈七星壇諸葛祭風　三江口周瑜縱火〉中有一段我們耳熟能詳的故事：「孔明借東風」。我相信多數人讀這段故事，跟我一樣會將焦點放在諸葛亮登上七星壇，近乎施展魔法般祭引東風的情節。做為《三國演義》中足智多謀的第一主角，這段情節鋪陳，為諸葛亮的能力加添了戲劇性與神祕感。但某次為了編輯雜誌，我重讀這章回，吸引我的卻是另一個細節。

●洞察先機的智者

《三國演義》第四十八回結尾，周瑜看見曹操大軍集結，對身邊眾將官說：「江北戰船，如蘆葦之密；操又多謀；當用何計以破之？」大家都沒有對策，這時候忽然見到曹操寨中，被風吹斷的中央黃旗飄入江中。周瑜大笑說：「此不祥之兆也！」大家正在觀看之時，忽然狂風大作，江中波濤拍岸。一陣大風迎來，刮起旗角於周瑜臉上拂過。周瑜猛然想起一事在心，大叫一聲，往後倒下，口吐鮮血。

第四十九回接下去說周瑜臥病在床，魯肅非常著急的去拜見諸葛亮報告此事，諸葛亮知道情況之後微微一笑說：「公瑾之病，亮亦能醫！」魯肅趕忙請他去給周瑜看病。

周瑜見諸葛亮到，披衣坐在床上，諸葛亮問候說：「幾天沒有見面，想不到都督竟病了。」周瑜說：「人有旦夕禍福，誰也說不定。」諸葛亮笑說：「天有不測風雲，人怎麼能料得到呢？」周瑜聽了這話，一時臉色就變了。諸葛亮說，周瑜的病要先順氣，周瑜便求順氣的藥方子。諸葛亮請左右的人都出去後，在紙上寫了十六個字：「欲破曹公，宜用火攻，萬事俱備，只欠東風。」

周瑜問怎麼才能得到東風。諸葛亮讓周瑜建造一座七星壇，他將在壇上作法，借三日東南風，以破曹軍。周瑜一聽，病完全好了。

七星壇蓋好了，諸葛亮披著散髮，光著雙腳，身著道士用的法衣舉步登壇，開始借東風。

到三更時分，果然吹起了東南風。周瑜高興之際，心中念頭忽起，驚駭由心而生，說道：「此人有奪天地造化之法，鬼神不測之術！若留此人，乃東吳禍根也。及早殺卻，免生他日之憂。」話一說完，立即派丁奉、徐盛兩人，各帶一百人去七星壇堵殺諸葛亮。

這一群人到了現場，諸葛亮早已不見人影。丁奉、徐盛急忙乘船從江上追趕，遠遠看見諸葛亮站在一艘船的船尾。見徐盛追來，諸葛亮大笑說：「上覆都督：好好用兵。諸葛亮暫回夏口，異日再容相見。」徐盛不管船行漸遠，拚命追上去並喊道：「請暫少住。有緊話說。」諸葛亮說：「吾已料定都督不能容我，必來加害，預先教趙子龍來相接。將軍不必追趕！」這時候，趙子龍拉滿彎弓，一箭射斷了徐盛船上的帆繩，然後飛速離去。丁奉、徐盛回去報告整個經過後，周瑜大為驚嚇說：「此人如此多謀，使我曉夜不安矣！」

這一小段故事現在讀來細思極恐。開頭談到，我們渴望一種人出現，欲將其占為己用，但是又畏懼他們的能力與存在，以致於想要除去才覺得安心。是什麼樣的人身負如此極端的命運？諸葛亮就是這種人，能知道未來會發生什麼事的人，或者比別人更早知道會發生什麼事的人。這能力不是極有價值嗎？沒錯！但關鍵是這能力為誰所用！當這能力不為己所用，將是難以提防的威脅。

讀到這裡不知道各位心裡是否浮現一個疑問：擁有洞燭先機、先於他人知道世事進展的能力，是福還是禍？

我認為，是福是禍與這個能力無關，有更多複雜的條件，大至環境，小至人格特質或誰在其中得利，都會產生影響。然而這些都不影響我們對此能力的價值認同。反而正是這樣令人既愛又懼的兩極，更能彰顯這項能力的獨特與重要。

在我們熟悉的歷史中，有另一個讓我們看見以此能力讓國家轉危為安的故事，是出自《左傳》的〈燭之武退秦師〉。

化解國家與個人危難的謀士

公元前六三〇年，晉文公因為鄭國當年對落魄勢弱的自己無禮，並且私底下和楚國親近，以對晉國有貳心為由出兵鄭國，並邀秦穆公率兵加入。鄭國面對這樣強大的軍事威脅，鄭國大夫佚之狐向鄭文公推薦燭之武去勸退秦穆公。但鄭文公請託燭之武的過程並不順利，燭之武為自己懷才不遇的際遇抱不平，認為年輕時並未受重用，現在國難當前才想到他，所以有意稍微刁難鄭文公，推諉不去。直到鄭文公道歉並曉以大義，軟硬兼施才勸動燭之武接受這項勸退任務。

故事迅速跳接到燭之武抵達秦營與秦穆公的對話。面對秦穆公，燭之武並沒有以弱勢的身段或低下的態度提出請求。反而以清晰的思緒，解讀三個國家之間合縱連橫的利害得失。

他提出四個重點：

一、為什麼要滅鄭國而增加鄰邦晉國的土地呢？鄰國的勢力雄厚了，秦國的勢力相對就削弱了。

二、鄭國的地理位置在東方，位於齊、楚、晉的邊境上，可以做為秦國的東道主，在東邊成為支持秦國的力量。

三、當年晉惠公答應將焦、瑕兩城池送給秦國卻失信，這次就算秦國幫晉國滅了鄭國，也未必會拿到好處。

四、晉國要擴張領土，向東吞併鄭國，待國力強大後，下一步就是覬覦秦國的領土。

聽聞燭之武這番解讀，秦穆公不僅答應退兵，還派遣三位將軍杞子、逢孫、楊孫率軍進駐鄭國。而晉國得知結果後，子犯請求晉文公下令攻擊秦軍，但晉文公也只能為自己找個堂皇的理由說：「藉助別人的力量而又去損害他，這是不仁義的；因此失掉自己的盟國，這是不明智的；以混亂相攻代替聯合團結，這是不勇武的。我們還是回去吧！」吞忍這失手的一局博弈，以政治智慧留下華麗的轉身。

〈燭之武退秦師〉這段鄭國在強權威脅下轉危為安的歷史，全仰賴燭之武對當時各國權力利益關係精準的解讀。

但這故事還有另一層面，可以清楚看到解讀能力對個人價值的影響。面對鄭文公和秦穆公，燭之武看似因為不同的目的而有不同的對話。但歸結到底，就是讓兩者知道，你們都沒有能力看清我個人或解讀出我鄭國的價值。因為這解讀局勢的能力，燭之武贏得鄭文公的道歉、獲得對他的才能遲來的肯定。在秦穆公面前贏得局勢分析的認同，令鄭國免於覆亡，為個人創造價值。因為燭之武對局勢的解讀，秦穆公改變原先的決定，原本不一定能從晉國分得的利益，不費一兵一卒就收納在自己的勢力之下。這說明一個人的解讀力，可以為小至個人、大至社稷帶來極大的價值。

知道別人不知道的事，是很有價值的能力

比別人更早知道，比別人精確、有洞見的解讀，此能力的重要性並沒有隨著時代的變遷而消失，反而在現今社會各個領域中持續的發揮影響力，甚至轉化為驚人的產值，例如成功的股票分析師、產業趨勢分析師、星座命理師、天氣預報公司、新聞評論名嘴、市場行銷顧問、產品研發顧問、企管顧問……等等。

坊間傳言有一位命理師從電視媒體竄紅之後，透過多角化經營，年收入可達數億元之譜。二〇一九年一份ＡＩ智能商業應用與產值的報導中，介紹人工智能線上算命的市場，依上線的年齡分布與人口數來估算，將達到千億元的規模。

談到這些內容，重點並非線上算命是一門好生意，而是從大數據蒐集與分析的數位化服務，所創造出來的巨大產值，看見人們想擁有答案與掌握未

知的渴望有多大，甚至願意花錢購買解讀命運的結果。

由此可知，能看見別人所看不到的，能洞悉他人難以知曉之事的解讀能力，是多數人渴求又極具價值的能力。

2

布希曼人、釣魚達人與大數據ＡＩ

無所不在的解讀者

足跡是待解讀的符號

判斷是知識與經驗的統合

網路世界的獵人

我們是獵人或是獵物，決定於解讀的能力

在我小時候，電視除了畫面是黑白之外，頻道也就只有台視、中視和華視老三台。現今有線電視或數位平台上擁有數以百計的頻道，節目種類五花八門，觀眾可憑喜好選擇。雖然現在選擇這麼多，但是我喜好的也不出十個頻道和少數節目。這些頻道中，我尤其喜歡看與自然景觀和社會人文議題相關的節目，其中 BBC Earth 常有令我感興趣的主題，吸引我觀看。有一次節目介紹非洲不同區域的原住民，螢幕上是生活在喀拉哈里沙漠中的布希曼人。我會記得布希曼人，是因為小時候看過一部電影叫《上帝也瘋狂》（*The Gods Must Be Crazy*），敘述一位名叫歷蘇的布希曼人，有一天被從天上掉下來的可樂瓶砸到後，發生了有趣、瘋狂又諷刺的故事。

布希曼人生活的環境與形態，依然維持極為原始的面貌。他們在東非草原上活動，全靠狩獵與採果為生，如果抓到羚羊或者小型動物，就是一頓難得的大餐。若沒斬獲，就只能靠野果充飢。不過，即使自然條件非常惡劣，布希曼人在極其艱苦的環境中，仍有本事獵取或採集所需的食物，延續整個部落族群的生存。

布希曼男人以擅長追蹤獵物聞名。布希曼男孩在成年以前，要接受嚴格的狩獵訓練，直到成為一名獵人。他們一旦發現動物足跡，無論地形有多麼複雜，環境有多麼嚴峻，仍舊鍥而不捨的跟蹤下去，酷熱漫長的跋涉也不放棄。狩獵時，通常以二至六人組成一支狩獵小組，追蹤獵物時常常要離開部落兩三天的時間。在長期的狩獵生存挑戰中，布希曼人練就了一身解讀獵物足跡的本事。

● 足跡是待解讀的符號

影片中段開始，布希曼獵人發現落單羚羊的足印，於是展開捕獵行動。

經過一小段足跡的觀察，從蹄子大小及每一個蹄印周邊的沙土位移來判斷，狩獵小組的領隊說這是頭成羊的足印，但這隻羊可能左後腿受傷了。因為四個足印看來，左後腿的足印不如其他足印清晰，好幾次缺了左後腿的足印，可見這隻羊因為某種原因，避免使用左後腿。隨後又經過大半天的追蹤，帶頭的獵人指著看似平常的草叢角落，說羚羊曾經在草叢中休息，並且吃了幾口近乎枯乾的葉子。

鏡頭帶入雜草叢，仔細觀察的確發現，原本就雜亂的草叢，有一小區似乎被重壓過，以致於部分較長的草有壓摺的情況，並且和周遭植物呈現不一致的傾倒方向。領頭的獵人表示，這隻左後腿可能受傷的羚羊，在這裡躺下休息過一段時間。從較長野草摺痕處的乾枯情況來判斷，羚羊大概已經離開半天，雖然時間已有點久，但是受傷的腿應該會影響行動，羚羊的位置還在可以追上的距離。而且附近缺乏鮮嫩的草葉，這隻羊現在應該很餓，需要補充食物和水分。

話一說完，獵人領隊起身逆著風往前走，其他獵人也起身跟隨在後，往一個兩小時路程外的水源區前進。從出發到現在，這隊獵人已經在酷熱的草原上行走超過六小時，除了偶爾停下來研判足跡，基本上都沒有休息。

獵人在觀察足跡時，還有其他重要的發現需要納入研判，尤其是獵物在環境中留下關於身體狀態的資訊。除了剛才躺下的壓痕，隨口啃咬的草葉，他們也可以從獵物的排泄物裡的殘渣和味道，知道牠經過哪些地方，遇到什麼事，身體健康狀況好壞，以及牠現在需要什麼。一位成熟獵人的經驗與知識，就像是狩獵的百科全書一樣，幫助他解讀所看到的線索，理解並判斷下一步該怎麼走。

影片最後，獵人們又透過好幾次足跡的研判，設定追蹤方向，沿途驗證羚羊的行為，終於在一片灌木叢中圍捕到獵物，並且證實羚羊的左後腿因為曾被較大型的掠食動物攻擊而受傷，以致於影響行動。而這也可能是這隻羚羊脫離群體落單行動的原因。

回顧這群原始卻成功捕獲獵物的布希曼獵人，從發現獸跡開始，就展現驚人的觀察力，比對著先人傳授的知識與自身積累的經驗，精確解讀出獵物本身的狀態與需要，合理預測獵物會出現的區域，率先抵達有機會捕獲獵物的熱點，等待出手的時機。

成功的解讀者，是根據資訊為自己創造最佳的結果。

● 判斷是知識與經驗的統合

我有一位好友L，他的釣魚技術高超，連日本電視台都安排日本的溪釣達人來台進行採訪，一起到台中大甲溪垂釣交流。他之所以常能釣到河中巨物，也是擁有成功解讀者的本事。

台中大甲溪從新社鞍山水壩出水口到東勢大橋間，是熱愛本流溪釣者的聖地。這段河水流幅面寬近二十公尺，露出河面和隱身河床的石頭，創造出河水迴轉交錯的複雜水流。我站在河邊，眼中閃著銀光奔流的線條，卻是L判斷魚蹤的坐標。

他指著一塊大石旁的迴流處說：「那下面一定有一塊石頭，才會讓水翻湧上來，而水底那塊石頭後面鄰接大石塊的地方，有一道吸入流，因為河水中魚的食物會被吸入其中，許多魚會徘徊在附近等待食物流過。但是那區域水流很急，所以只有體型大、體力好的大魚才會藏在那裡。」

L說完便示範拋竿，讓魚餌飄入那大石塊旁的渦流中，才拋第二次，就看到釣線一陣劇烈的橫移，魚餌瞬間被拉入水中，十公尺的釣竿彎成驚人的弧度，緊繃的竿身還不時發出嗚嗚聲。

L蹲下身子，微微向後仰，與溪水中那尾大魚對峙，剎那間魚掙扎翻騰躍出水面，真的是尾大魚啊！

又是一個因為成功解讀環境條件、了解獵物習性，依據經驗與知識正確研判狙擊點的例子。

前面兩個因為正確解讀而捕獲預期獵物的例子，一個是在非洲延續近萬年的原始狩獵傳統，另一個是具國際聲望的台灣溪釣達人。全然不同的背景與活動型態，其技能卻有共通的原則。他們都是藉由客觀的觀察，建構對現地環境與獵物行為的正確解讀，更進一步來說，是由可辨識的線索來解讀出未顯現但非常關鍵的訊息，進而取得最後的成果。

這樣的獵捕行為並非僅存於原始文明或野外的漁獵活動。在現代生活的金融領域中，也上演著相同的戲碼。

財經新聞每天占據媒體上許多篇幅，許多人選擇投資股票做為理財的方式，對縱橫股市多年的資深投資人而言，螢幕上股市行情波動的曲線，就像山林間的野獸足跡一般，能解讀出背後影響起落的原因，成為可以預測的方向，提供最佳出手時機的判斷線索。

從上面幾個例子看來，「解讀」是以仔細觀察周遭開始，進而發現「記號」線索，再以自身的知識經驗做為判斷依據進行判讀。只要是合於經驗與知識範疇的情境，判斷的成功率就高。

但是，從另一個例子來思考，這看似合理的結論卻有了新的改變。

網路世界的獵人

半年前我在臉書和朋友聊起自己使用多年的耳機壞了，考慮買副品質好一點的藍牙無線耳機，請他推薦品牌與型號。經過朋友專業分享和一長串討論結束後，我闔上電腦就去做其他的事情。幾個小時之後，我再次使用電腦，上網進入常用的社群平台，這時我發現右邊廣告欄位出現數個無線藍牙耳機品牌的廣告推播。此外，在我滑動頁面時，動態牆上也出現無線耳機及相關周邊的廣告。

會有這情況發生我並不意外，但是，卻讓我開始思考並比較起上一段所談：「解讀」是根據先備知識與經驗做為判斷基礎，可是大數據系統並非事先對每個人都有完整的資料再來進行判斷，大數據如何建立精準判斷，我對這過程充滿好奇，所以開始做實驗。

首先，我點選中等價位的耳機品牌，進入說明網頁瀏覽，刻意多一點時間停留在介紹抗噪晶片的頁面。離開網頁後，我再去點閱售價高許多的耳機品牌。同樣的，我也在介紹抗噪晶片的頁面多留一些時間，並且複製了晶片的型號，回到網路上，搜尋擁有相似晶片規格的產品。最後我在 Google 直接搜尋心儀已久的北歐品牌耳機，因為此品牌的產品很有設計感，是我喜歡的造型設計。這過程中，我當然對藍牙無線抗噪耳機有更多的了解，但是我真正的目的是想知道我這一番網路上的數位足跡，經過大數據分析後會推薦什麼東西給我。

第二天，帶著看解答的心情打開電腦，結果非常有趣。社群網站右邊的耳機廣告依舊存在，接著滑動動態牆插入的耳機廣告，不同品牌的主題都是談自家產品的抗噪功能如何強大，而且高價位品牌增加了，尤其是歐洲的品牌。看到這結果，我又好奇的想，如果都不點閱這些訊息，大數據系統會有什麼反應？

接下來一週，我都沒再點擊任何相關資訊。結果，社群平台每天持續推播原有的廣告給我，而且都是相同品牌，但訴求的內容從使用者經驗分享、國際專業評比、人體工學設計到不同情境使用和防水係數……等更多元的訊息，讓我有一度差點想購買。最後我還是按捺住，因為我想看這一切會如何結束。結果這一等足足經過三週才停止。不過，別以為事情就此結束，因為兩個月之後，廣告又出現了……

這個和大數據分析玩捉迷藏的故事，先在此打住。雖然最後我沒買耳機，但大數據系統還是會根據我的行為進行分析，將我歸入到某種消費者的分類系統，為我這一系列數位足跡與行為，歸結出類型並貼上標籤。

被貼上什麼標籤不是我關心的事，重點是我明白了還有一種解讀的方式，是透過給予大量有判斷目的的訊息，記錄觀察對象對訊息的反應並進行歸納，建構被觀察者的思維與行動模式，再進行解讀。如果流程沒能做完整的資料蒐集與判斷，隔一段時間後，又會再度測試，反覆持續。由此可知，大數據與人工智能對我的解讀，仰賴的是一套具備歸納與演繹的演算法。除了足跡之外，更重要的是對訊息有什麼反應。我們有愈多行為反應記錄在資料庫中，其大數據的判斷也就更精準。

●我們是獵人或是獵物，決定於解讀的能力

從布希曼人談到大數據分析，可以看到「解讀」的行為在不同時空與環境條件中的共通性，但其中又有所差異。布希曼所代表的原始解讀行為，依據的是自身的經驗以及對事物原有的認知。而大數據進行的解讀，來自於不

同管道、時時刻刻蒐集到的大量動態紀錄，透過演算法建立個別的模型進行分類，做為研擬對應策略的基礎，不受限於固有認知，有別於過往「大眾」的概念，而發展為「小眾」、「分眾」等更為細膩的解讀。以此來看，在知識與經驗基礎外，另有一套是純粹以「方法」進行解讀的模式，進一步來說，是應用一套根據「行為回饋」的客觀訊息，進行思考與判斷的法則，以建立更為接近事實的解讀結果。

大數據演算這套強大而精準的判斷法則，並不是數位工程師的原創，而是以人類心智的解讀原則，藉由數位系統超越常人的強大運算能力，在海量數位資訊環境下，建構與提供快速而有效的研判結果。人腦是極高階又複雜的演算機器，是人工智能發展學習的對象，但是數位科技將人類大腦判斷的機制，逐步推向超越人類生理條件的極致。

過去在自然界中，我們人類是最高階的掠食者，但是在數位世界中，一套更快速精準的強大解讀工具，正在解構原先我們熟悉的世界，建立新的秩序。在數位世界中，每個人的數位足跡在大數據分析下，我們的思想行為、好惡選擇，都可以被準確的預測。雖然我們不會如此看待自己，但事實上，你我每個人都已經成為獵物。

大數據系統就像狩獵者，在數位足跡的路徑中，布下誘餌測試反應，引導人們一步步踏進商業的獵網。就算系統原先對我們每個人一無所知，也無減其解讀的結果。因為，蒐集反覆誘發的行為資訊後，就能解讀出我們深藏在內心的渴望，最後，我們只剩接受與不接受的選擇。

從這發展來看，大數據系統將以高效與精準的優勢，創造出它存在的價值。但是大數據分析後的資訊如何應用，又要如何監控大數據分析的過程，這些問題代表在數位領域裡，存在著更高階的解讀工作。

因此，無論是原始獵人的狩獵，或是數位時代大數據系統，都提醒我們，成為精明的解讀者，在不同的時空環境中，一直是生存競爭或為自己找到更高價值的優勢所在。

3

蘋果、蜻蜓的翅膀與幼稚園

看見隱身在表面之後的原因

萬物背後都有道理
拆解是手段，不是目的
深掘想像與事實，建構更為完整的解讀
解讀是區分差異的同時，也能辨識共通之處

「解讀」是怎麼形成的，這過程有沒有可以複製的模式？成功解讀的關鍵是什麼？

關於這些問題，我並沒有精確的理論論述，但是以下幾個例子，給了我很大的啟發。

B是我在Emily Carr University of Art + Design的同學，她是一位開朗、全身散發著活力的加拿大女孩，主修工業設計。我們學校除了藝術課程廣受肯定之外，工業設計課程也頗負盛名。雖然B和我主修不同，但因為都選了高階的油畫課，所以成為同學。

平時我和B都忙於自己主修的課業，可是午餐時間經常會在學校餐廳或附近小咖啡廳相遇。B的個性開朗健談，見面總會坐下來閒聊一會。有一次我在學校餐廳看到她啃著一片比薩，盯著桌上一疊圖紙。我拿著咖啡走過去，一方面打招呼，另一方面想知道是什麼作業，讓她連吃飯時間也如此聚精會神的思考。

●萬物背後都有道理

我靠近時，看到桌面上是一張張蜻蜓翅膀的放大圖，和她手繪的設計草圖。當下她真的很專心，直到我把飲料放在桌面才回過神。

一陣寒暄後，我問：「是什麼作業讓你這麼專心啊！」

B說：「下週要交的設計草案。」

我看著桌上的圖片和手繪的草圖，問道：「你的作業和蜻蜓有什麼關係啊？你學的是工業設計又不是生物。」

B說：「我的老師說，自然是最偉大的設計師，所有生物——從動物到植物——的造型、比例、大小甚至質地，都有它存在的目的，而且環境的淘汰選擇過程，就是最佳化的過程，所以要我們仔細觀察並且思考，解讀這些造型或型態背後的原因。」

B的回答讓我好奇的想多了解一些。她說的很有道理，物競天擇，大自然只會留下最適於這世界的物種，所以背後一定有其道理，能透過外顯的樣貌解讀出來。

但是B的作業跟蜻蜓翅膀的關係是什麼？我繼續追問B：「這觀點很有啟發性，也具說服力，可是你蒐集這些蜻蜓翅膀的圖片，和一疊我看不懂、又有數學公式、像論文的資料有什麼關係？」

這時，B像要說天大祕密般拿起一張蜻蜓翅膀的圖片（如下頁圖1），試著用我可以理解的英文緩慢的說：「你知道嗎？蜻蜓的翅膀太神奇了，上面像葉脈的排列和角度，創造出極度輕量化又可以負荷極大受力的框架。而且上面的弧度，讓翅膀在振翅和切開空氣的氣流間，達到最佳的飛行效果。另外，翅膀上透明薄膜的韌度堪比飛機的鋁質蒙皮，但質地更為輕薄。因此，蜻蜓才能控制這樣大的翅膀，既可迎風飄浮滑翔，又可以急遽加速，靈活轉向，進行捕獵或逃命。」B又說了關於蜻蜓翅膀擺動的不對稱性，如何形成抑制震動的效果。那已經超乎我當時英文能理解的內容。

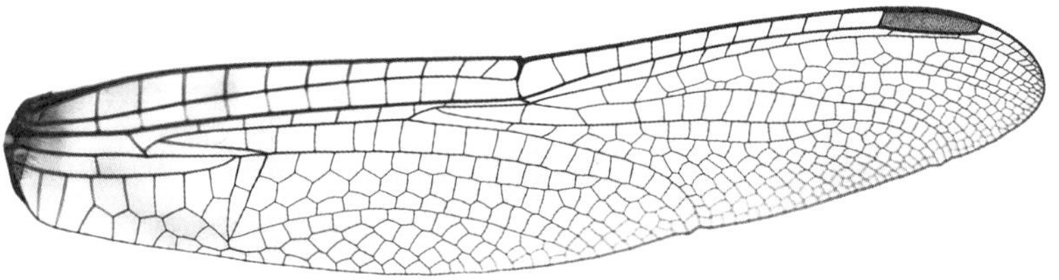

圖 1——

蜻蜓翅膀的結構圖

「哇！這真是不可思議啊！」我說。

「是啊！」B接著說：「這次我設計的主題，是水上運動船帆的設計，應用於風帆板和小型競速帆船。所以我想從蜻蜓翅膀的框架和弧度造型中，找出最佳角度和造型的參數，來設計新式船帆。」

聽完B的說明，我真心佩服，希望她趕快完成設計，讓我見識這新船帆的造型和實際效果。但同時另一件事更讓我好奇，B解讀事物的思維方式是如何養成的？

於是我問：「你是怎麼學會這樣的思考？如何進行解讀或理解事物？」

B說：「透過觀察，試著去理解背後的原因，進一步去建立原則。」

我進一步問：「有具體的學習過程嗎？」

B說：「有啊！不過看起來很無聊。」

既然有方法，我當然想知道多一點，所以請B多說一些。還好離下午的課開始前還有一段時間，所以B分享了重要的學習過程。

拆解是手段，不是目的

B說：「不是只有藝術系才有素描課，我們工業設計系也有自己的素描課，但是目的很不一樣。如你所知，藝術系的素描課是記錄發想的過程，以表達感受為主。工業設計系的素描，是藉由素描的過程觀察、探究要了解的對象，從中發現並解讀背後的道理。例如，我們曾經花了兩個月的時間，就只畫一顆蘋果。」

我驚訝的說：「哇！為什麼？怎麼做的？」

B看到我驚訝的表情，又搬出那種要講天大祕密的口吻說：「大一時，老師叫我們每個人帶一顆蘋果到學校，開始仔細觀察蘋果並且描繪下來，第一週的素描課就這樣過去了。第二週，老師一樣要我們帶顆蘋果到課堂上，但是這次規定從頂上看蘋果，仔細觀察並且描繪下來。第三週，老師規定從尾端仔細觀察蘋果並畫下來。接著每週都有新花樣：從中間剖一半，仔細觀察畫下來；四十五度斜著切開仔細觀察畫下來；縱向切成六片仔細觀察畫下來，橫向切成八片……」

聽到這裡，我忍不住問：「過程中老師都沒做更多的說明嗎？」

B說：「沒有！不過到了第六週，老師說話了。但是他沒有解釋為什麼要我們做這麼無聊的功課，而是問了一個問題，老師說：『畫了這麼久的蘋果，有沒有人發現什麼有趣的事情，或是引發你好奇的問題？』說實在，我們當時恨死蘋果了，所以當然沒人有什麼高見。這時候，老師問了一個讓我陷入思考但又瞬間清醒過來的問題。他問：『一顆小小的種子，造物者竟然給它如此巨大、美麗又可口的包裝，為什麼？只是為了給人吃嗎？這一切的背後都有道理，各位能發現並解釋嗎？』」

我可以明白B當時那種陷入思考，但又瞬間清醒過來的感受，因為當下的我也有相同的體驗。

B接著說：「頓時，我懂得這無聊練習的目的了。接下來兩週，我開始有目的的切割蘋果、變換觀察的視角，同時閱讀相關的研究資料，探索自然界孕育出這些獨特設計的原因，解讀它存在的目的。最後我驚訝的發現，這背後與整個生態系統有關，是系統性的結果！」

聽到這裡，我不禁好奇的問：「你們足足畫了六個星期的蘋果，接下來畫什麼？」

B帶著一抹神祕的微笑說：「葉子！」她話一說完，我們兩個人不約而同的大笑……

B的素描課，在學習的內涵上，的確跟我熟悉的屬於藝術創作的素描不同，而且值得進一步思考。在她畫蘋果的過程中，若沒有對形成蘋果或樹葉造型背後的原理有意識的去探究，就會流於外表的摹寫。第六週老師的提問提醒同學，觀察要帶著解讀的目的。當能掌握原因並合理的解讀後，就有機會將個別的原因，歸納出更為上位的原則，做為解釋和推論其他相關事物的依據。B在敘述素描課的最後說了一句很重要的結論：「最後我驚訝的發現，那是系統性的結果！」系統性的結果，就是原則性的建立與發現。

剛才說到B畫完蘋果之後開始畫葉子，他們那位像造物主的老師，這次體貼一點，在他們畫到第三週時就開口了。他的提問是：「你們所蒐集的葉子，末端都收束為細尖的造型，幾乎沒有例外，為什麼？」實際上B就是在畫葉子時理解到，所有自然界的造型都是自然環境系統的產物，工業設計在創意發想時，可以在自然已存有的系統中，擷取最佳化後的原則加以應用，所以才有蜻蜓翅膀與船帆的設計創意發想。

深掘想像與事實，建構更為完整的解讀

B的故事，讓我想起也是從事設計工作的日本設計師佐藤可士和。

佐藤可士和是日本廣告及設計界的明星人物，一九六五年生於東京，畢業於多摩美術大學平面設計系，隨後進入日本博報堂廣告公司，並於二〇〇〇年創立「SAMURAI」工作室。他投入的領域相當廣泛，包括平面設計、廣告設計、產品設計、包裝設計、空間設計、網頁設計、商標和VI設計，以及企業和地方產業的品牌設計等。

除了設計專業領域的工作者外，大部分的人對佐藤可士和個人可能不熟悉，但對他設計的企業品牌一定不陌生。日本知名平價服飾品牌連鎖UNIQLO，紅底白字醒目的商標就是他的作品。事實上，他不僅是商標的設計者，也是品牌精神和產品風格策略的關鍵制定者。從品牌形象、視覺識別、商品包裝、店面空間、廣告策略等環節，賦予能與世界溝通的品牌生命，讓UNIQLO獲得國際市場的注目與成功。

佐藤可士和在設計與行銷上的成功，一方面得利於容易讓大眾留下印象的視覺表現。但了解設計工作的人就會明白，成功的背後需要有強大的解讀力。佐藤可士和有另一項設計案，能讓我們進一步認識解讀力為創意工作帶來的影響。

富士幼稚園位於東京西邊立川市附近，占地近千坪，是一座收有五百名學童的大型幼稚園。二〇〇五年，園長加藤積一有感於校舍老舊，加上日本少子化的情況，思考富士幼稚園的發展，同時想提供更符合未來教育的場域，決定找佐藤可士和來規劃設計。

佐藤可士和到幼稚園實地勘查後，對園區內幾棵老樹和可愛的樹屋感受特別深。他思考著，什麼樣的環境能讓孩子展現出天生的活力，又有充分學習的機會？那塊有老樹、像是公園一角的場景，和他心中孩子開心的神情逐漸融合，形成幼稚園園區新的願景。當下，他開始解讀心中的畫面，需要哪些具體的條件與構成元素，才能達成這設計案的目標？有沒有更具體的環境實例能符合園長加藤積一的教育理念？這時候一個念頭在他心中閃過：「如果幼稚園就是一座大型玩具」。沒有界限，容許孩子在其中生活、遊玩、活動、探險、創造，充滿學習機會，這樣的「大型玩具」的想法可行嗎？

這個對未來富士幼稚園的想像愈來愈具體後，佐藤可士和邀請原先在英國工作的日本建築師手塚貴晴及手塚由比夫婦一起參與設計。

手塚夫婦有兩個孩子，因此他們對孩子的行為有一番獨到的解讀。從手塚貴晴在TED×Kyoto的演講中，可以看到他延續佐藤可士和的概念，並且展現他解讀孩童行為背後原因的洞見。例如：「如果你為人父母，就知道孩子喜歡不停的轉圈」、「孩子到處奔走是因為他們不愛界限的限制」、「孩子在噪音裡睡得更香，人本來就在吵雜的原始環境中生存，有噪音的環境反而讓人更穩定、更專注」、「在這個時代，孩子需要稍微嘗試危險的滋味，面對危險時，他們學習互相幫助，這就是社會。」最後他說：「不要控制他們，不要過度保護他們。孩子有時需要跌倒，也需要受點傷。」

基於對孩子行為的觀察與解讀，同時確立富士幼稚園的教育目標，這三位設計師逐步形成整體規劃——滿足孩子原始探究行為的空間環境條件，在其中活動就是學習。

解讀是區分差異的同時，也能辨識共通之處

富士幼稚園設計案於二〇〇七年完成，手塚夫婦將幼稚園設計成一座環形建築，類似無止境的迴圈。室內與室外永遠是敞開的，孩子不在封閉的框框中上課。在帶有環境吵雜聲的空間裡，學生專注的程度，遠勝於其他幼稚園的學生。不想在教室中上課的孩子，就讓他出去，反正繞了一圈他還是會回來。園方曾經記錄一個小朋友在園區內自由活動的軌跡，這棟建築的周長是一八三公尺，這個男孩在早上移動了六〇〇〇公尺。或許你會說這個孩子是特例，但令人驚訝的是，富士幼稚園的孩子每天平均運動距離是四〇〇〇

公尺。比起其他幼稚園的學生運動量高出許多。園長加藤積一說：「我不訓練孩子，我只是把他們放在屋頂上，就像放羊一樣。」

最後，佐藤可士和與手塚夫婦合作完成的富士幼稚園，獲得日本及國際上巨大的迴響，更在各建築大獎上獲得評審青睞，肯定他們為教育學習型的空間規劃帶來的啟發與貢獻。

在本章的開始提到，對於如何形成「解讀」，我還沒有一套可以複製的模式。但我的同學B、佐藤可士和與手塚夫婦，在他們思考的設計中，我看到設計師對業主理念、環境、材料、使用者行為與內在需求的深刻解讀。了解條件、釐清原因、建構核心概念與原則，做為以設計解決問題的根基，同時，也成為自身對事物的洞見。

這過程，從模糊到清晰，看來的確是有階段性步驟可操作，但同時又仰賴設計師自身原有的經驗與知識。而執行過程中的觀察與發現，又會滾動出新的知識與經驗的需求。

如此看來，解讀模式要顧及兩個層面，一是向外探究的步驟，一是內在調整與建構的歷程。在後面的篇章裡，我們會討論這兩條內外同時開展、又要相互協同作業的路徑要如何才能完善。但在此篇，透過我的同學Ｂ和富士幼稚園的例子，我想統整一個觀點：解讀不是看見個別的差異；看見差異只是有效區分，真正的解讀是，區分差異之外，同時也能思考共通相應之處，洞悉整體系統。

我最後只在Ｂ的電腦上看到她心中那片從蜻蜓翅膀得到發想靈感的船帆，化為在陽光下乘風破浪的３Ｄ數位模擬合成圖。但是不用替她感到可惜，因為一個月之後，我在學校餐廳用餐，Ｂ看到我，又帶著那種要說天大祕密的表情走過來。

我知道，她的設計作業又有新的發現和有趣的解讀了。

不是沒有答案，而是還沒找到

還沒發現的，可能比已經看見的更為重要

從多歸納到少，從低推演到高，是概念化萃取的過程

彼此獨立、互無遺漏，展開思考之網

答案在玻璃的另一面

4

異國料理、金字塔與芝麻街

以嚴謹合理的結構理解世界

當你打開這一頁，會看到書頁上有八個黑點（如圖1）。這些黑點代表什麼意義？這些點的個別位置之間有關連嗎？如果有，那關連是什麼？這些問題不容易回答，可能是因為經驗與所學，沒有能具體回答的內容。這些黑點各自獨立，卻也是整體的一部分。

想知道這八個點代表什麼嗎？點和點之間存在著怎樣的關係？

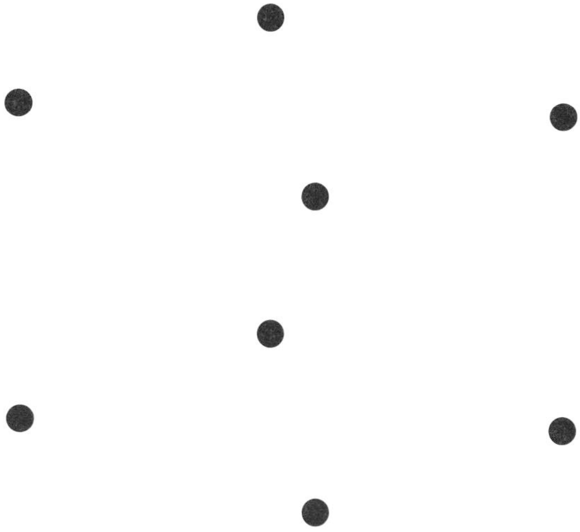

圖 1——

在沒有任何說明資訊與判斷依據的情況下，我們無法確認這八個點之間的關係與代表的意義，只能憑各自的認知條件進行臆測。

請聽我先說個故事。

我的辦公室位於台北市敦化南路二段的巷子裡，這區域有許多辦公大樓，每到中午用餐時間，可以見到許多上班族三五成群，穿梭在四周的巷弄尋找餐廳。因此，這一帶提供商業午餐的餐廳和飲食店密度很高，不時看到新餐廳開張，當然，因為經營不善而歇業易主的情況也常有。

年初有一家異國料理餐廳開幕，開張時熱鬧的氣氛維持約兩個月，而後，新鮮感帶來的顧客逐漸消失，和鄰近餐廳相比，用餐人數差距明顯，格外顯得冷清。

沒多久就看到餐廳貼出折扣活動海報，接著又看到門口增加數位輸出的大型菜單立牌。一個月後，店家有了更積極的銷售方式，每天午餐時段在門口賣便當。店家用各種方法想提升業績，但是很遺憾，經過幾番努力，業績還是平平淡淡未見起色。

餐廳老闆迅速提出三項應變方案，以解決營運不良的情況，卻始終沒辦法解決問題。我猜測可能是因為餐廳老闆對他所面臨的狀況，缺乏正確而合理的解讀。

從老闆採取的行動來推測，他的想法應該是：「我要如何吸引消費者來消費？」所以自然會把思考方向聚焦在加強宣傳。從店門口的文宣內容來看，試圖以「價格」和「便利」吸引消費者。

終於有一天，我帶著觀察多時產生的好奇和想為他貢獻一點營業額的心情進去用餐。

用完餐結帳時，我藉機和老闆閒聊，詢問老闆營業現況。老闆像是終於有機會一吐心聲般，告訴我這些日子他帶著創業的理想開店，沒想到業績不如預期，最後他緩緩說出：「我也還在想，要如何吸引客人進來消費？怎樣讓生意更好？」聽了這番話，同樣在創業的我，很能同理這位老闆極度焦慮、想突圍的心情。

不是沒有答案，而是還沒找到

如我原先的猜測，餐廳老闆面對經營困境，思考的是：「如何吸引消費者進來吃飯？怎樣讓生意更好？」能有效吸引客戶，就有創造業績的機會，一般人通常會這樣思考。不過這樣的想法反映出老闆的盲點，他認為問題的根源在消費者身上，改變對方的認知，就可以解決問題，所以把宣傳做為解決問題的手段。但選擇此種方式必須先確認的前提是，大眾已經熟悉產品或服務，沒有接受與否的問題。基本條件滿足後，客人才會對「價格」、「便利」……等條件進行比較與選擇，這樣做宣傳會比較有效。

餐廳老闆試過這些做法都未見效果，就需要改變思維，把「對外找機會」，改為「向內找原因」。

為此，思考的問題要從「如何宣傳讓客人知道餐廳」，改變成「為什麼我的餐廳生意不好？」。在這個思維下，對外宣傳不足就僅是原因之一，真正的問題還有更多關鍵原因尚未解讀出來。

從這家餐廳的情況來看，「生意不好」是現象，「怎麼讓生意好轉」是目標，而對餐廳有所幫助、能解讀原因的提問則是：「餐廳的生意為什麼不好？」

區分這三個面向本身就是解讀能力的表現。缺乏釐清字句內涵的解讀力，問題將會持續隱藏在混淆不清的語彙裡。

現在，我替老闆把提問改為：「餐廳的生意為什麼不好？」試著找出消費者不願光顧的原因。根據不同面向的條件，設定釐清式的提問，進行更廣泛的理解。

首先找出附近主要消費者的身分、性別、個人用餐或團體用餐比例，再分析他們的消費選擇，如中式或西式餐點的比例、用餐行為如內用或外帶哪種較多、消費預算有多少、用餐時間長短、習慣口味，如體力工作者口味重、需求分量大，白領工作者傾向清淡而精緻等，做為餐點菜色調整的依據。此外，也可以調查附近店家的餐飲類型，尋求差異化，找出忽略的關鍵問題或優勢，思考店內餐點、服務與消費型態是否需要調整。深度了解消費者的需求，清楚分析、比較區域內的競爭者，歸納出突圍生存的機會，才是從根本解決餐廳困境的解讀。

這種解讀現象、探究問題的思考和本章一開始的八個點有什麼關係？現在就讓我們回到圖1（頁七三）。

還沒發現的，可能比已經看見的更為重要

圖1的八個點代表的是未明的現象，無法說明它們的關係或代表的意義。如果用餐廳老闆的想法，還沒弄清楚之前就以自身的經驗去演繹詮釋，因為缺乏合理的解讀，將難以得出正確的認知。這時候，用歸納為思維的解

讀歷程，可以避免主觀在思考判斷上的謬誤。不過，要進行歸納需要充足的客觀資訊和實際探究的驗證佐證。因此透過提取客觀事實，歸納並驗證其關連性，發展出解釋，才能得出合於邏輯的合理結果。接下來，我以這八個黑點做例子。

透過觀察，我們發現八個點可以簡單歸納出幾項客觀的事實條件：

一、每個點的位置似乎有對稱性。

二、每個點的距離似乎不是任意安排。

三、八個點的範圍沒有過於外散所形成的破碎與不規則。

四、八個點的安排似乎有規則可循。

這些點的內在規則是什麼？想要檢視這些黑點間尚未能確認的關連，我們需要把隱而未現的關係用線條實際畫出來。

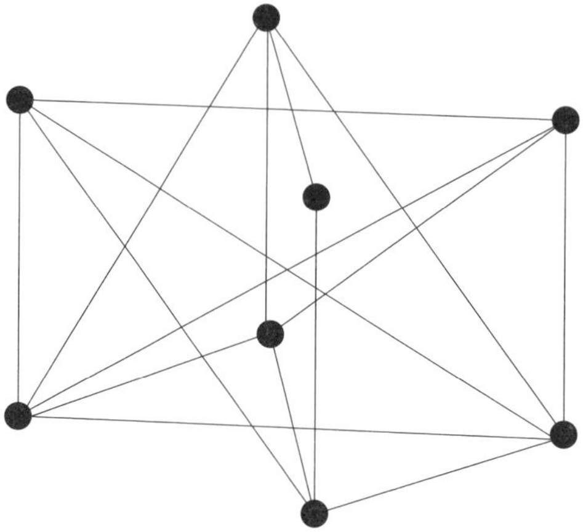

圖 2——

黑點間任意連結的線條，未能整理出具體的原則。

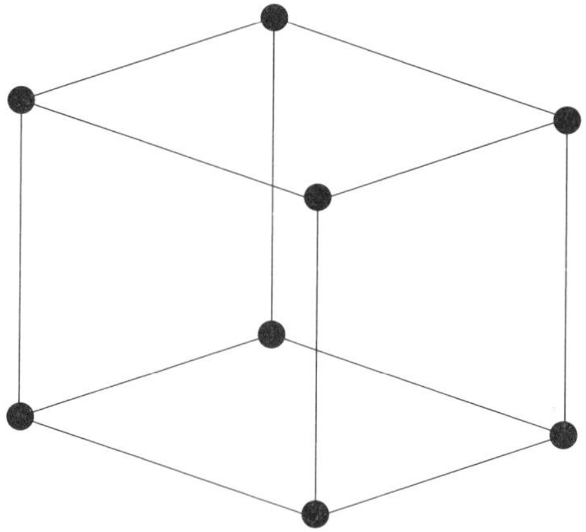

圖 3——

黑點間歸納出合理連結的線條，呈現具體的原則，並具有可理解的意義。

我假設有兩種結果如上頁的圖 2 和圖 3。這兩張圖代表兩種解讀的結果。至於哪張圖較為適切的說明八個黑點的關係，在現有的條件下，我認為圖 3 提供了合理的、可以獲得普遍認同的解釋。

從上述餐廳尋求提升業績的故事，和由八個點建立的兩個圖形，可以在其中發現兩種思維模式，這兩種思維模式都能幫助我們在認識世界時發現問題、解讀意義、解決問題；一種是演繹推理（deductive reasoning），另一種是歸納推理（inductive reasoning）。但是這兩種思維模式如何有效的在合宜的時機協同使用，值得我們進一步理解。

●從多歸納到少，從低推演到高，是概念化萃取的過程

演繹推理是從情境資訊或論點之間，藉由分類（grouping）推演層層遞

進的因果關係。往往以自身知識與經驗為主，對於已明確辨識、可以套用原有解決方案的問題很有效率。

不過，這種思維並沒有解決餐廳老闆的問題，因為他先入為主的認為生意不好是因為宣傳不佳，所以聚焦在各種內容和形式不同的行銷，忽視自身產品可能不符合消費者需求。而我以發掘根本問題為目標，解讀「生意不好」這現象背後的原因，所以採用廣泛蒐集訊息的方式，進行歸納推理的解讀思維前置工作。

歸納推理是以開放性的態度，以概括（summarizing）為目的，廣泛的從現象中歸納出各種影響結果的可能因素，將相似或相關的訊息歸類在一起，建立對問題成因的核心解讀，發展出數個形成問題的可能原因，進行多次統整性的假設解釋，從驗證假設的過程，具體解讀出關鍵成因，評估可行的解決方案。

這過程一如閱讀理解的歷程，擷取個別呈現的客觀訊息，對問題進行廣泛理解，進一步發展出幾個造成問題背後原因的解釋，接著再次依據個別原因的關連性，統整解釋其核心問題，最後對問題及方案進行省思評鑑。

解讀文章與解讀問題的思維如出一轍。最能代表此種解讀問題、解決問題的架構建立者，就是國際知名的企管顧問公司麥肯錫（McKinsey & Company）。

麥肯錫公司是芝加哥大學會計系教授詹姆斯．麥肯錫（James Oscar McKinsey）於一九二六年與朋友在芝加哥共同成立、以他為名的管理諮詢公司。當時管理學理論還在萌芽階段，營運重點是為企業或政府，針對高度複雜的經營管理或策略問題給予解決方案。為了有效解讀現象，發現問題並提出解決方案，麥肯錫公司發展出幾個極為有效，甚至後來成為規範性的思維工具。其中最廣為人知的「金字塔原理」（Pyramid Principle），是由第一批哈佛商學院女學生、畢業後服務於麥肯錫倫敦分公司的芭芭拉．明托（Barbara Minto）和同事共同研發。

彼此獨立、互無遺漏，展開思考之網

在職場工作與閱讀學習上，我深受金字塔原理的啟發及影響。此原理可應用的層面極為廣泛，從閱讀、寫作、簡報到複雜的問題探究與策略研擬，藉以進行芭芭拉．明托所說的「冷靜思考」（hard-headed thinking），檢視自身思維，清晰表達想法。

金字塔架構的原則很單純，縮寫為四個英文字母SCQA，個別的意義說明如下：

S——情境（Situation），造成事情發生的人、環境、時間、空間……等

C——衝突（Complication），發生了什麼問題

Q——問題（Question），定義關鍵問題

A——回應（Answer），一個中心論點（解決方案）

我試著把這個框架套用到前例中那家業績不佳的異國餐廳，可以得出以下的內容：

S——情境（Situation）

一家位於台北市大安區辦公大樓林立的區域內的餐廳，中午上班族會在鄰近的巷弄中用餐，所以附近有許多提供商業午餐的各式餐廳和飲食店。

C——衝突（Complication）

在開幕嘗鮮熱度消退後，消費者逐漸流失，但是該區域的消費者還是在鄰近區域尋餐廳，卻不選擇這家異國餐廳。

Q——問題（Question）

為什麼餐廳的客人流失？

A——回應（Answer）

經過明確定義問題，廣泛而具深度的探討後，提出對問題的回應。

金字塔原則最吸引我的部分就在「SCQA」原則帶出來的解讀歷程「MECE」。它的發音很像英文「me see」，我翻成「我見」。實際上「MECE」是英文 Mutually Exclusive Collectively Exhaustive 的簡寫，中文譯法有好幾種版本，如「相互獨立、完全窮盡」，但是我習慣將它理解為「彼此獨立、互無遺漏」。

這結構與我熟悉的閱讀素養中文本分析的理解歷程異曲同工，所以我整合兩套架構做成圖4（頁八七），幫助各位從閱讀理解的框架，對於以「MECE」解讀情境到提出回應，有進一步的認識。

金字塔結構具有雙向性，分為「向下分類」與「向上總結」，兩者可成為相互驗證的關係。

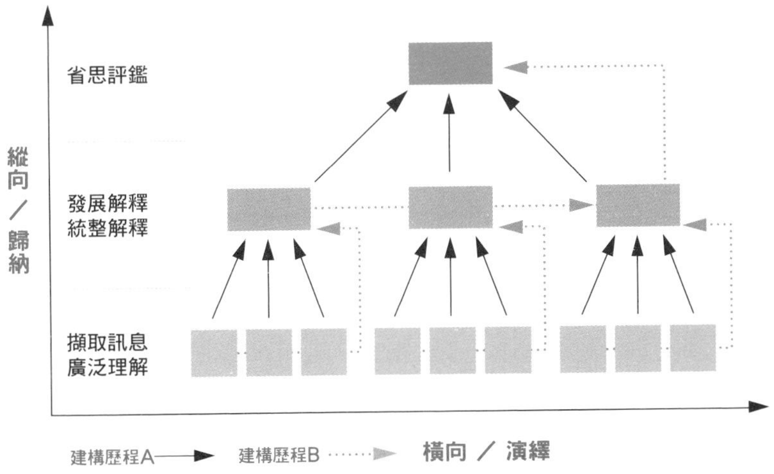

圖 4——

閱讀金字塔結構，最下端是廣泛提取的訊息，建立如「MECE」的基礎。下一步驟是透過歸納建立統整後的上層概念，在上層概念的層次上，可以再進行進階的統整解釋，歸結出核心主旨或關鍵洞見，這是歷程 A。
這樣的解讀有第二種歷程，在圖中以灰色虛線來表示歷程 B。歷程 B 與歷程 A 在建構上位概念的差異，是 B 先橫向統整解釋後，再歸結出上位概念。

「向下分類」的歷程可用於探究為什麼，也可用於分析原因的報告；先給總結的結論，再逐次向下針對下一層論點提出問題，接著說明相關論據去支持上層的論點，形成垂直關係。

「向上總結」是如果想透過分類和概括來推導出最後總結的內容，就要從金字塔底層，以「MECE」——彼此獨立、互無遺漏——的原則，建立概括與統整所需要的廣泛資訊基礎。透過不斷進行分類和概括的動作，歸結出上層概念，直到沒有更多的關係要建立為止。顯而易見的是，每個不同層次的結論，是被拿來推導建構更上一個層次的結論，支持唯一的核心結果，也就是我們想要建立的主要論點。而其下方所有的觀點正如金字塔的主體，撐起最上層的尖頂。

無論是往上或是往下的應用，有三個原則需要嚴謹遵守：

一、任何一層的觀點永遠都必須是其下組成觀點的總結

若以文章做例子，段落的核心概念，就是這段落所有句子的總結，文章的核心主旨，必須是文章所有內容的總結。

二、每組觀點永遠都必須具備相同的特性

總結的內容，就算是一個較上層的、抽象的觀念，在邏輯關係的屬性上也需要是一致的，例如香蕉、西瓜、芭樂，上層總結的概念是水果。這就合於邏輯上的條件。如果說是「食物」可以嗎？食物的概念更為上層，可以包括的內容更多元，雖然有連結，但是跳過屬於共通屬性的條件，在實際的探究過程中，很可能會形成失焦誤導或邏輯謬誤的結果。

三、每組觀點永遠都必須按照邏輯順序組織

觀點或核心概念的鋪陳，一定要有明確的理由，說明觀點間上下位階與先後的邏輯秩序。一方面作為驗證的基礎，另一方面有助於釐清問題成因的

前因後果與表達的清晰。圖2和圖3（頁八〇）之間的差異，可以做為這原則為何重要的說明，忽視這原則，將難有明確的解讀。

人的判斷與行為，往往受制於我們對外在事物的解讀認知。下面這個小故事或許可以讓我們再次看見解讀事物上，單向認知的困境。想想歸納與演繹，甚至更多維度思考的重要。

答案在玻璃的另一面

《芝麻街》（Sesame Street）是由美國芝麻街工作室製作的兒童教育電視節目。這節目自一九六九年十一月十日在美國公共電視台（PBS）首播以來，頗受好評，至今已經在超過一四〇個國家及地區播出，獲得全球小孩及大人的歡迎。我也是看《芝麻街》長大的孩子。節目中有許多可愛的布偶擔綱演出，一同住在芝麻街一二三號公寓的地下室，其中，總是惹麻煩又搞笑，長臉的伯特（Bert）和圓臉的恩尼（Ernie），是《芝麻街》的主要角色。

有一天，伯特在擦拭一扇門，這個門中間有一個框，框框中嵌入一面透明的玻璃。不過不知道是誰惡作劇，用黑色的筆在這面透明玻璃上亂畫一通，伯特正努力的想把筆跡擦掉。他用了各種方法，包括以乾布用力的擦、換濕布用力的擦、拿沾滿肥皂泡的海綿用力的擦，最後，甚至拿專門清洗玻璃的清潔液噴在上面再擦。但不管他多努力，那惱人的塗鴉依舊頑固的留在玻璃上。伯特束手無策，既生氣又沮喪。

這時候，恩尼正好從門外經過，透過那片玻璃，他看到房裡的伯特，便打開門說：「嗨！伯特，你在做什麼？」

伯特懊惱的回答：「我想把被亂畫的玻璃擦乾淨，但是我試過各種方法都擦不掉。只好先休息一下。」

恩尼看了玻璃一眼，問伯特用了哪些方法，接下來那一幕就是讓我一直記得這故事的原因。只見恩尼拿起抹布，打開門走到門外側，三兩下就把玻璃上的塗鴉擦乾淨了。恩尼再次走進房內，把抹布交給伯特後什麼也沒說就走出去，留下伯特兀自張大著嘴。

短短的情節中少了伯特和恩尼之間慣有的搞笑胡鬧，卻讓我到現在依然牢牢記著。

「觀點」是個有趣的概念，如果我們看待這世界只有一種視角，不知道或沒有能力去發現和思考，我們就會將這世界解讀成自以為理所當然的結果。因為人對世界的認知，往往受制於我們所擁有的解讀能力。本章開頭那位異國餐廳老闆，就像伯特一樣，正是陷入這樣的困境。

最後，不知道各位是否好奇，本章一再提到的那家異國料理餐廳，到底是賣哪一國的料理，在辦公大樓林立的地段中經營得那麼辛苦？那是一家使用許多獨特香料、口味很道地的印度料理餐廳。值得思索一番的是，「使用獨特香料，口味非常道地」是優勢還是問題？

各位解讀者，工具方法都有了，答案就靠各位來解讀了。

5

志工旅行、田野調查與試煉

思辨與驗證是必須的修行

大家都知道的，就不是我們要的
在現場才能了解第一手的真實
困惑會讓你更接近真相
真相有時候令人難以接受，但是不要拒絕接受它
如果解讀的結果有問題，往往有問題的不是工具，而是解讀者自身

這世界所見的事物如何發生或為何發生，細究起來都有其個別的「因果」關係，現在的「果」可能是下一階段的「因」，而且「因」不必然導致直接的「果」，會透過一層又一層間接的影響才造成遙遠的「果」，一如混沌理論與蝴蝶效應所舉的例子，一隻南美洲蝴蝶振翅的波動，引起連鎖傳遞的影響，導致太平洋彼岸一場暴風雨的產生。對這複雜系統既宏觀又微觀的解讀，幾乎不是人的力量能企及，其中龐大複雜的細節，唯有雲端超級電腦系統可以處理如此巨量的訊息。

但無論是小規模了解單一事件背後的原因，如餐廳的營收，大至建構全球氣候模型，模擬氣候暖化對環境帶來的影響。都是藉由蒐集大量的訊息，做為解讀的依據，而前一章介紹「MECE」——「彼此獨立、互無遺漏」是重要的原則。

上一章只說明原則，這裡要分享如何建立解讀的基礎。但這要從我自己一次難堪的經驗說起。

大家都知道的，就不是我們要的

多年前，我還在產業界工作，雖然作品獲得同業好評，但是從資歷來看還是相當資淺，很需要高階專案的實戰歷練。有一次我被指派參與一項專案的規劃，由於這案子規模很大，並且聚焦在當時剛問世、備受矚目的物聯網應用服務，所以在前期規劃階段，要對物聯網未來不同面向的應用發展做情資蒐集與分析。當時有五個人投入前期的研究與評估工作，除了我之外，其他四位都是公司與業界的資深前輩。我很興奮能參與這項為期兩個月的專案，因為案子富有挑戰性，又能和前輩一同工作、學習，對當時的我來說是絕佳的機會。

C是五人小組的統籌，一頭銀髮，眼鏡後面有一雙銳利的眼睛。在第一次小組會議中，向其他夥伴介紹我之後，他簡要的說明任務和下一週各自要做的報告。初步分成幾個方向，先廣泛的進行了解，分別是現有商品與未來需求趨勢、技術發展與規格訂定、現有業者與可能業者的投資動態、應用服務的商業模式……等。接下來一週，我很用心從不同管道蒐集資料，準備在第一次的報告中讓前輩進一步認識我。

到了開會的時間，C請我先報告。我連接電腦，將投影片呈現在螢幕上，帶著緊張又有點興奮的心情，開始說明一週的發現與分析。在我講到第三張投影片時，C突然請我停下來，問我：「請問你這次報告的資料從哪來的？」我將過去一週找資料的幾個來源跟C報告，並且說明每份資料或數據的來源都有列在投影片下方。C回了一句：「嗯，我有看到。」

之後，C說了一段話讓我當下既困惑又尷尬，他說：「我請你停下來，就是因為看到你注記的資料來源，和前面幾張投影片的說明。這些資料來源都是大家熟悉的單位，雖然資料的可信度沒問題，但問題是你擁有的資訊，所有人都拿得到，包括你的競爭對手。此外，若拿這些資料來分析，而且只是順著資料做說明，你個人的解讀就會不自覺的被資料本身的脈絡影響。因為你已經先接受資料的結果而不自知，就像是射箭後再畫靶。」

說實在的，當下我除了尷尬不已，對於C說的話，我一時真的沒能反應過來。

這時他又說：「你在找資料前有沒有先讀過相關趨勢的報告？」

我說：「有！」這時他微笑的說：「你現在回想一下，還沒秀出來的投影片結論部分，是不是符合現在多數人普遍都有的想法。」

這時候我忽然像懂了什麼的說：「是，因為幾乎我所讀到的報告結論都接近一致。」

C說：「就是這個！你的結論只是重複多數人的結論，花了時間和精神卻缺乏屬於自己的解讀與洞見。」他接著說：「趨勢大家都看得到，如何在大家都看得到的資訊中，解讀出真實可行的機會，才是我們的工作。」

C講完後，用雲淡風輕的神情，請我把連接投影機的線路交給下一位夥伴，輕拍我的肩膀，點了點頭說：「沒事！」這片刻中，下一位夥伴已經準備好報告。

接下來幾位前輩的報告讓我懂了C所說的事。

簡單來說，我在他們的報告中經常聽到這些話：「我打電話去詢問」、「我去拜訪OOO」、「我要求去現場看」、「我有跟XXX確認」、「因為有這個疑慮，所以我……」、「我比對過……」、「我有個新發現可以說明……」。前輩報告還沒結束，我心中已經明白我和他們之間的落差。我的報告常出現的語言是：「根據這份報告」、「根據上面的數據」、「根據這張圖表」……等，過程中我只是轉述資料，而不是像前輩那樣自主的從資料中進行解讀，再去找專家、投資者或關係者進行訪談，確認已知的事，同時探詢外人所不知、更為關鍵的訊息，建立驗證與分析基礎。真正關鍵而有價值的解讀與洞見，就是在這樣的過程中逐漸成形。

會議結束後，C帶我去附近一家小咖啡廳聊聊。我猜想C是要安撫一下我今天受到震撼教育後的心情。點完咖啡坐下後，C開口問：「怎麼樣，還好嗎？」我回道：「差距好大啊！一份資料使用不同的解讀方式，會造成巨大的差異。」C笑著說：「是啊！工具方法書店都有賣，資訊也是到處都能找到，但就像製作料理，不是擁有好工具或珍稀食材就能擺出一桌好菜。重點還是使用工具和材料的人，具備怎樣的能力。」C接著問：「所以今天學到什麼？」這剛好讓我說出腦中在盤算的事。我說：「田野調查很重要，二手資料再怎麼豐富，還是二手資料。關鍵發現往往是第一手挖掘出來的。」C喝著咖啡認同的點點頭，說：「看樣子我不用太過為你擔心！」

其後兩個月間，我排滿各種目的拜訪，每次拜訪都盡可能的提問，取得第一手的觀察與發現。事實上，這次工作經驗，徹底改變了我日後做事與思考的模式。

總結上面的故事，有一個在解讀上容易陷入的盲點：我們知道的太多，但同時也知道的太少。

這話怎麼說？直白的解釋是：我們常常靠大量聽聞的訊息來做判斷，卻缺乏藉由親身觀察與感受，進行更為真實又深層的判斷解讀。關於這件事深入一點的說明，或許分享另一個我工作上的故事更能感受。

在現場才能了解第一手的真實

物聯網專案結束後一年間，我陸續又參與不同案件的調研（valuation）工作，其中有個專案讓我有了更深刻的學習。當時國際志工旅行蔚為風潮，我們接到任務要對這個越愈來愈普遍的旅遊型態進行了解。從前面物聯網一案，不難猜到網路上的資料或旅行團的廣告，一定無法滿足我們工作上對蒐集資訊的要求。所以，這次我和另外兩位夥伴編成三人小組，直接報名參加東南亞P國志工旅行八日行程。

P國早年在經濟發展上比同一時期的台灣進步許多。但是，因為國家領導人貪腐，加上政治派系爭鬥，導致該國經濟與內政發展陷入長年的動盪停滯，社會貧富差距極大，財富集中在少數握有權勢的家族手中，因此，就算是在首都裡，依舊有大量區域近乎貧民區，連基本的交通、水電與住宅設施都不完善。

我們八天的行程，就是要在鄰近首都的貧困城區徒手以空心磚和水泥打造大約八坪大的新房舍，讓居民搬離原先以簡陋木板或其他廢棄建材拼湊的舊屋。簡單來說，我們花錢來這遙遠的貧困社區，一方面要當建築工，同時要完成田野調查的任務。

田野調查（field research）是親身實地與當地人共同生活、學習當地語言和文化、參與及觀察，藉以蒐集原始資料的方式，是人類學方法論和認識論的核心。最早是人類學祖師爺馬凌諾斯基（Bronisław Kasper Malinowski）對文化及行為研究發展出來的方法，之後廣泛應用在不同的研究或產業實務的領域中。田野調查其實是解讀與理解的過程；理解他人、理解世界，以及理解自己。

落實田野調查的過程中，基本上有五個重要的觀察面向，簡稱為「AEIOU」，分別代表下面這幾個字：

A——活動（Activities）

人們的行為模式為何？特定的活動中有哪些流程？

E——環境（Environment）

活動空間的特色與功能為何？是個人還是共用空間？

I——互動（Interaction）

人與人、人與物之間有哪些特別的互動？常態或偶發？與環境、情境有何關連？

O——物件（Objects）

環境中有哪些物品和設備？這些東西跟使用者和活動有何關係？

U——使用者（User）

誰在其中，角色和關係為何？其價值觀、立場或偏見為何？

「AEIOU」這些看來各自獨立的面向，在整體的情境中具有相互影響的關連性，符合前述「MECE」的條件，所以成為蒐集資訊的重要方法。

出發前，我們一行人先對志工旅行有初步認識，很欣賞這種旅行形式，除了參觀異地的文化風景外，又給地方帶來改變，同時也可以成為社會企業的商業模式。因此，此行雖然有工作任務在身，但還是有種參與公益服務、做有意義的事的雀躍心情。然而，最後我卻發現比窮困更為不堪的事實……

抵達P國首都的第二天中午，我們同團二十多人，從前晚住宿的平價旅店搭上遊覽車駛向貧困社區。沿路除了市中心區可以看見較為現代化的城市景觀外，隨著車子逐漸駛離中心區，四周景觀有了極大的轉變。破舊的公寓和以木板鐵皮修補搭建的低矮平房，綿延在快速道路的兩側。偶爾看見像全聯一樣的日用品百貨商行臨路設立，才會意識到我們是在現代都市裡。一路上不禁想著這國家到底經歷了什麼，讓人民的生活如此不堪？近二十分鐘的車程，我們一行來到目的地。還沒下車前，看到窗外停車處聚集了許多人，昂首顧盼。在他們的身後是一大片如沿路上看到那樣矮舊、經歷多次修補的房子。

可以想像，我們的到來受到當地居民熱烈歡迎。在主持這公益旅行的基金會主管安排與介紹下，我與住宿家庭的L太太見面，並由她帶領我和另一位夥伴W入住到她家。

沿路挨家挨戶緊鄰，經過狹小的步道，我們來到L太太的家。一進門發現那是一間不超過六坪大的房子，包括煮飯的角落、一間臥房和客廳。盥洗和上廁所得要到外面的公共浴廁。L太太一家三口，先生是司機，女兒小學四年級，這六坪空間就是他們每天生活所在。這次為了接待我們兩個大男人，先生刻意排大夜班的工作，晚上不回家睡，L太太和女兒睡房間，我和W睡客廳。事實上，我們兩個人放下行李、鋪好軍毯，客廳也沒空間了。看到這情況，讓我對這區域的居民們抱有更大的同情與好奇。

接下來我們每天的生活都非常規律，早上八點上工，用人力小推車把水泥推到工作區附近，接下來以人龍接力的方式，一塊一塊的把水泥空心磚傳到施工屋舍旁邊。現場有少數當地的工人教我們翻攪水泥，再將翻攪好的水泥裝入水桶中，一樣以人龍的方式，傳遞到正在施工的工人手上。中午大家回到社區空地上搭建的大帳篷中一起用餐。下午一點半準時開工。回到工地繼續排成人龍，傳遞磚塊、攪拌水泥、遞送水泥，直到下午四點收工。

P國首都位處熱帶，頂著炙熱的太陽辛苦工作一整天，晚餐後的自由時間，對我這種習慣在都市生活、又非從事勞力工作的人十分珍貴，洗完澡後，除了和W坐在住宿家庭門前的矮凳上，吹著微熱的晚風，或是與L太太聊天，只想躺下來一動也不想動。

某天晚上L太太和女兒已經進房間休息，我和W躺在客廳地板回想起第一天的工作，我們不約而同感嘆在地人生活的辛苦，慶幸自己幸運生長在社會狀況相對穩定、生活富足的世界，再次對可以參加志工旅行感到欣慰，因為今天大家共同參與兩間房子水泥地板的灌漿，堆砌部分牆面，讓房舍有了雛形。白天看到工地旁邊已經完成的部分屋舍，感覺自己像是參與神聖任務的傳遞，如傳遞聖火的跑者，承接前一跑者的使命，再將其傳遞給後繼的跑者，繼續往目標前進，直到聖火燃起。此刻，一股神聖的暖意在心中擴散著。

忽然間，這想法讓我意識到另一件事，白天所有工作都以人龍傳遞的方式進行，似乎不是為適應環境或人力條件不得不如此選擇，更像是刻意安排。這覺察讓我有一絲難以確定的不安，澆熄了心中先前燃起的聖火。

當晚我依然疲累的在不知不覺中睡著，但我的心情已經從感動轉換為此行的任務，解讀我所看見的事物。

困惑會讓你更接近真相

接下來幾天的行程如第一天一樣，大家日出而作、日落而息，但我開始留意觀察環境景觀、工作流程、人力安排、人和人之間的互動……等等細節。這些內容其實就是田野調查的基本構面。

我們工作的區域內因為沒有整過地，隨地形起伏的路面，最寬可以容許一輛台灣送貨的發財車通過依然有餘，小巷子的寬度大約三米，可以容許兩個成年男人比肩同行，所有的路面沒有鋪設柏油或水泥，唯有某些路段鋪有碎石子，其餘地方都是被踩踏扎實、但仍是凹凸不平的黃土地。有一天我們遇到午後陣雨，所有的路面都變成泥濘的黃泥水道，車子依舊可通行，但是行走其中非常不便，這情況加深我心中的困惑。

這次志工旅行的任務是協助蓋房子，幾天現場工作下來我沒有看見台灣建築工地常見的機械，也沒有看見水泥與空心磚以外的其他建材。所有的房舍是大家徒手一塊磚一道牆慢慢堆疊完成。至於水電管線的安置，或許有另外專業的工人接手，但直到我離開前都沒有看見其他工人。

我們生活與工作的區域內雖然環境簡陋，但不時可以看到穿著體面人物的海報，尤其是居民聚會的場地。我的直覺是政治人物的海報，因為上面沒有商品的圖片，如果非得找出來的話，那政治人物本人的照片，就是海報中最重要的商品照片了。詢問L太太後，證明我的直覺是對的。海報上的人，是該區議員Mr. R，我參加的這場國際公益旅行，就是他和基金會合作的計畫。我接著問道：「R議員和基金會合作的國際公益旅行計畫，你怎麼看？」L太太想了一下，微笑的說：「這計畫帶來許多不同國家的好人為我們蓋房子，改善我們的生活，我很謝謝R議員和基金會。」的確，相較其他還在等待更新的舊房子，L太太目前居住的房子雖然小，但至少是之前志工們流著汗水，以水泥和空心磚搭建起來堅固許多的房子。不過，我還是問了下一個問題：「為什麼你認為R議員和基金會改善了你們的生活？」此時L太太的表情有點困惑，我可以理解，因為換成是我，也會困惑於這個問題。剛剛已經說過這個國際公益旅行計畫為居民帶來較新又堅固的房屋，這就是具體的改善，為什麼我還要再問一次。

事實上，我想透過這個問題，來檢視幾天下來我心中的困惑：為居民提供住屋絕對是一件好事，對於改善生活帶來很大的貢獻，而且讓每個家庭擁有屬於自己的堡壘，在這治安令人擔心的國度更是重要。不過，在房舍以外的其他條件，包括環境衛生、道路鋪設、廢汙水排流、自來水管線、區域維安……等其他問題，似乎被擁有房子的滿足所掩蓋了。雖然這些問題可能是失能政府和行政體系造成，但既然能從全球號召一批又一批志工投入改善的工程，我相信也可以募集到資源，更有系統性的投入改善生活環境的問題。就我當時所知，非洲也有國際民間組織和在地有力人士合作進行相似的計畫，提供住屋之外，同時也對整體生活條件進行改善。為什麼這計畫只蓋房子？背後有其他的理由嗎？

在短暫的思考後，L太太緩緩回答：「我不太懂你的問題，不過對我來說，從以前用廢棄材料拼建的房子，變成現在水泥磚蓋成的房子就是很大的改善，我很謝謝R議員、基金會和所有來自世界各地的朋友。」

L太太的回答讓我知道這計畫確實改善了居住的問題，讓居民擁有一間堅固的房子，但我的困惑依舊存在。

每天規律的生活，感覺時間過得很快。來到行程第六天，我們有半天休假。當天下午四點，基金會安排一場座談，所有團員都集合在用餐的大棚子裡，也有許多居民一同出席。我們三人小組這幾天第一次可以好好坐下來說幾句話。整場座談會，先是由基金會代表致詞，感謝所有參與者的辛苦付出，並且細數這計畫多年來的執行成果，蓋了多少房子，照顧多少人及對未來的展望。

隨後是幾位住戶的發言，提到過往這地方缺乏資源，環境落後，居民生活很辛苦，而R議員和基金會的計畫帶來改變，最後是感謝再感謝，並讚許參與者持續的支持，改善他們的生活，幾位志工在聆聽過程中紅了眼眶。

就在座談接近尾聲時，基金會代表拿起麥克風宣布，有位神祕嘉賓來到現場。這時候代表R議員的一位人士出現了，居民報以熱烈的掌聲和歡呼聲，我想他可能是負責這一區域溝通協調的服務代表，一些團員還沒反應過來，相互詢問這號人物是誰。經過基金會代表介紹後，R議員的代表接過麥克風，感謝這一梯隊的團員，讚許任務順利成功，接著說起P國國家經濟與社會面對的挑戰，批評政府的施政，並強調會持續與基金會合作，引入更多國際資源改善住屋問題。這段話有不少居民喝采回應。最後他代替居民，再次感謝所有志工，祝福國際友誼能恆久持續。語畢，現場居民再次報以熱烈歡呼與掌聲。這時候，基金會代表宣布座談結束，接下來是團員與居民的聯誼晚餐，還有居民準備的聯歡表演節目。

當大家各自散開去取用晚餐時，眼前這一切讓我有種說不出來的熟悉，會是我心中所想的那件事嗎？

晚上難得的聯誼活動幾乎所有住戶都來參加。我們三人小組各自取餐並找張桌子坐下來，交換這幾天的觀察。才開始聊沒多久，幾位上了年紀的老太太走近，和善的問候我們，詢問這幾天的工作是否辛苦，閒聊我們三個人在台灣的生活、工作和家庭等等話題。這幾位老太太的年紀，剛好讓我們可以詢問這地區較久遠的背景資料。

原來早期來P國首都討生活的外縣市人，因為負擔不起鄰近已開發區域，所以來到這偏遠、尚未規劃開發的地區，以簡陋方式搭起遮風避雨的屋舍暫時住下來。後來，因為P國政治經濟發展困境，雖然城市不斷擴大到他們現在的區域，但是公共設施的建設緩慢又不完善。勉強有電與自來水，也有公共交通，但是整體區域不僅沒有持續現代化的發展，更陷入破舊的困境。大人工作和孩子念書，都要搭長途巴士到城區附近。

聽到這裡，我對居民的際遇深感同情，最能解決這問題的是國家，但從我外地人的觀點，國家本身就是根本的問題。

真相有時候令人難以接受，但是不要拒絕接受它

一陣沉默後，一位老太太忽然開口問：「你們回去後還會再回來嗎？」這突如其來的問題，我一時真不知道如何回答。這次我們其實是因為工作，想親自了解國際志工旅行是怎麼回事，才會來到這裡。從個人情感層面來說，我很願意再回來，但考慮到現實狀況，我不知道該如何回答。其他兩位夥伴也有此困擾吧，因為他們也沒立刻回答。

又是一小段沉默，或許老太太發現我們的為難，她說：「沒機會回來也沒關係，你們可以把這樣有意義的事介紹給朋友。上次有一個加拿大的團隊回去後，介紹好多人來，而且基金會還有很多管道，就算你們不能回來，也

能持續幫助這個區域的改善。」老太太原先的提問讓我陷入兩難，而她這段說明讓我陷入疑惑。

我好奇的問：「有什麼方法呢？」

老太太說：「基金會也歡迎物資或經費的捐贈，網路上都有說明，還有許多例子可以參考。」

我深知這樣的訪談，只許客觀而完整的蒐集資訊，不該有任何評判涉入，但是此刻我的直覺，一直在一個想法上打轉。我抬起頭環顧四周，所有的義工團員分散在各處，分別都有兩三位年紀較長的居民陪著談話，非常符合今晚聯誼交流的情境，卻又似乎有計畫的在進行什麼工作。此刻，巨大棚子的遠處，是幾位年輕居民自彈自唱的表演，歌聲純樸清亮。但我的心思卻被今天所有活動的流程、致詞和對話翻攪著。是誰對誰進行田野調查？是誰對誰進行解讀……

行程最後三天除了工作之外，晚餐後的自由活動時間，因為有前面的聯誼經驗，有更多居民來和我與團員攀談。我也藉機進行訪談。有一段對話令我印象深刻。我指著不遠處一條住屋已更新的街道，詢問一位年輕居民：「請問那一區是多久以前完成的？」年輕人說：「大約三年多前。」我接著問：「過去三年間還有哪些地方完成這樣的改善工程？」年輕人說：「應該還有，但我不清楚。」我問：「過去三年間你們為這一期的改建計畫做什麼準備？」年輕人說：「我們沒做什麼，就是等待，基金會安排好時間和資源會通知我們。」我問：「你的意思是基金會安排這一切？」年輕人回答的乾脆：「是的！」

我們第一天在前往工作區的車上，基金會的工作人員在車上善意的提醒所有團員，不要隨意離開指定的工作和生活區域，需要任何生活物品，可以請工作人員代為購買。路途上有幾次看到軍警或保全人員手持武器，佇立在百貨購物中心或某幢較大的宅第，我心裡可以明白工作人員擔心的事。因此，這八天除了工作區域，我們對外面的世界一無所知。今天我發現在地的居民也是所知有限。

八天的行程到了尾聲，最後一晚，我向住宿家庭道別，感謝他們每天的照顧，同時整理好行囊準備隔日啟程回台灣。當晚我整理的不只是行李，還有這八天的觀察與思考。

回到台北時間是星期六，休息一天後，星期天中午我收到C的訊息，約我喝咖啡聊聊。由於這計畫由C統籌，我想他應該很好奇這趟的成果，而且對C而言，我像是個小徒弟，或許想要耳提面命一番。

下午我依約抵達咖啡館，C已經到了。寒暄一番後，C問：「這趟看到什麼東西？」我盡可能詳細的說明關於行程的安排、工地的情況、施工的方式、人力規劃、議員與基金會的關係、居民對計畫的反應、居民參與計畫的行為和態度、住宿家庭的情況，聯誼晚會後的對話、居民和團員互動的觀察，還有我對當地環境改善情況的觀察等等。

C耐心聽完我的回答，繼續問道：「你有發現什麼問題嗎？」

行程中我一直在思考一個我認為很根本，聽起來卻又很愚蠢的問題，我開口說：「這計畫為什麼是蓋房子？」C說：「蓋房子很好啊，解決居住的問題，有什麼問題？」

這時候，我想是自己憋太久沒人能討論我心中的困惑，所以一股腦就把我的想法全都倒出來，我說：「有房子的確解決住的問題，可是除了房子，周邊環境設施，例如廢汙水、廢棄物、道路、購物、對外交通……等都要配合，這計畫為什麼只蓋房子？」

C說：「你現在說的是都會開發或重劃的工作，那應該歸屬到政府單位要做的事，基金會招募志工只能做可以做的事。」

我說：「這點我想過，但這項計畫跟議員合作，有機會創造政府與民間資源合作的事。」

C笑著說：「他們現在不是在合作嗎？」

我知道C故意挑戰我的想法，這是他慣用的手法，把我推到更深度的思考。我也有準備，所以我把對這次旅行最深的想法說出來：「合作解決問題很好，不過，如果合作不是為了解決問題，而是刻意保留落後與不便，為了延續問題呢？」

我從C的表情知道他有興趣想多了解，於是接著說：「這計畫的架構分成三個部分：國外志工，中間的媒合者是議員與基金會，還有當地需要改善生活的人。P國是發展中的國家，而且本身在政治與經濟都有內部問題，沒有充足的資金與資源，甚至沒能公平分配建設資源。所以，如果有人可以募集資源，改善區域內居民的生活條件，一定能贏得民眾的支持。一如我所見，居民對議員的擁護。對外可以建立良好的形象，就像基金會在P國國內與國際間的形象。」

此時C插入一個問題：「這和你說的為了延續問題有何關係？」

我說：「我知道這想法會顛覆原先我們對志工旅行的認知。我先說明，志工旅行立意良好，能改善弱勢地區民眾的生活，同時也為參與者的價值觀與生命體驗帶來啟發。我自己這次參與的過程也有滿滿的感動。如果不是有任務在身，我應該會跟大多數的團員一樣，在汗水付出中珍惜自己在台灣擁有的幸福。所以，我接下來所說的，僅止於我個人在這個計畫中所看到的現象與解讀。」

C點點頭，我安心的接著說：「這計畫的確為居民帶來資源，解決居住的問題，讓大家對議員和基金會充滿感謝。但是，若有人想要持續擁有這樣大的影響力可以怎麼做？我認為，如果讓『改變』這件事以緩慢的速度進行，在實踐中充滿挑戰性，會不會有人在其中獲得好處？」

我謹慎的提出心中另一個困惑：「基金會為什麼不準備現代化的工具來支援這計畫？例如用小貨車載送水泥磚塊，卻是由志工和居民排起長長的人龍，一塊磚、一桶水泥的傳遞到建築工人手中。我想，因為這樣的安排，可以讓國際志工在辛苦勞動的過程中，創造同心協力建造房子的悸動，同時獲得因為公益付出帶來生命意義昇華的感動。同時當地民眾也因為參與過程，看到改變正在發生。但關鍵的是，蓋房子的速度會緩慢許多，讓議員和基金會能更長久的得利於仲介者的角色。」

如果解讀的結果有問題，往往有問題的不是工具，而是解讀者自身

趁著我停下來喝口咖啡的片刻，C以他清楚的思慮提問：「你沒忘記開頭的問題吧，為什麼是蓋房子？」對這疑問我有答案，我說：「蓋房子是聰明的選擇。首先，對個人或是家庭而言，有遮風避雨的房子是許多人的想望，對我來說也是。所以先滿足個人最大的願望之一，會使人身心比較安定，也對給予機會的人或單位心懷感謝。此外，有房子以後，生活的重心會

放在自己家中。除非有意識的持續關心外在環境，否則，外在狀態的嚴重性尚可忍受、且還沒危害自家的情況下，一般人不會太關心外面的事，尤其是對外界所知不多的情況下。這也可以解釋為什麼居民願意配合計畫。因為配到房子的居民，是帶著感謝來支持計畫。另一方面，還沒有房子的人也會配合，因為，只要計畫可以繼續推動，他們就能等到房子。如此看來，仲介者在其中，無需費太多力氣就有機會持續獲得有形或無形的好處。」

C聽完我的報告，若有所思的喝了一口咖啡後，說：「你這像是在破案，所以你的報告就打算這樣說？」C的問題一下把我問住了，我報告的目的是什麼？我看見什麼？我要說什麼？C看我喝著咖啡遲遲沒說話，他說：「看問題有一種框架叫『五階層透視』（Five Levels of Perspective）（頁一二五，圖1），管理大師彼得．聖吉（Peter Senge）在他的經典著作《第五項修練》和演講中都有談到。這五種層次中，第一個層次的問題是『事件』（Event），大多數人往往看到事件就直覺上要去解決，而忽視

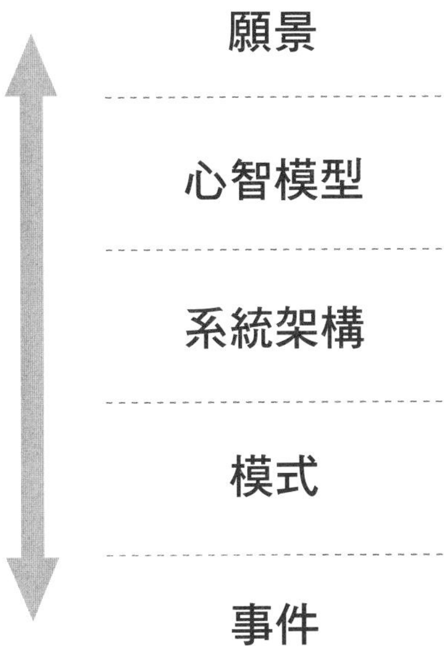

圖 1——

五階層透視。從事件到願景，反映不同的思維層次。
上下排列方式代表位階與層級的差異，最上位的願景設定，會向下逐次影響心智模式、系統架構、模式及事件。同時也可以反過來看。從發生的事件去探討，問題的根源是發生在哪個層面。

第二個層次『模式』（Patten），如果事件重複出現，要注意這些個別事件發生的背後，是否有相同的模式。如果有，就要進入第三個層次『系統』（System），因為系統的問題會創造相同模式的事件重複出現。若是系統的問題，就需要去了解下一個層次，建構這系統是基於怎樣的『心智模型』（Mental Model），往往系統本身是心智模型投射的結果。最後一層，就是我們最常聽到的『願景』（Vision），因為願景會影響所有的決定。反過來看，願景也可以做為檢視不同層次問題的校準定錨，所以願景有另一個名字叫『極星』。」

C喝口咖啡後繼續說：「原本這次讓你們去參加旅行是想了解主辦者如何規劃活動，與哪些在地單位合作，為居民生活帶來什麼改變，創造怎樣的影響，解決什麼問題，不過，你的觀察結果超越了原本的預期，因為你把計畫放在五階層透視的框架進行評鑑，的確讓我認知一些無法在外宣資訊或媒體報導看到的真實情況。但我也要提醒，做這樣的解讀時，要有意識的知道，這些內容也反映出解讀者自己的價值信仰，要注意它帶來的影響。」

C端起咖啡喝了一大口後說：「關於報告的問題，你回去慢慢想。我另外問你，參加志工這八天你學到了什麼？」

我說：「志工旅行是可以為弱勢地區帶來改變的活動，可以視為改變的工具。如果結果有問題，不是這工具有問題，而是使用工具的人有問題。」

C點點頭後補上一句：「同樣的，分析和解讀有許多工具可以使用，如果解讀的結果有問題，請記得，有問題的不是工具，而是解讀者自身。」

我因為這句話而沉默了……

C接著說：「我無法否定政治利益隱身在背後操作這一切的可能，我也無法改變其他國家的政治和社會文化。但如你所說，志工旅行可以創造積極的正面影響，所以有什麼解方？」

關於我的答案，那是另一個故事了。

此章我用很長的篇幅分享我參與過的案子，介紹以田野調查這項工具建立「MECE」內容，用「五階層透視」做為解讀後認知問題的框架，但最為核心的，是與C對話中那句讓我沉默的話：「分析和解讀有許多工具可以使用，如果解讀的結果有問題，請記得，有問題的不是工具，而是解讀者自身。」讓我重新認識「工具」和「使用工具的我」。

解讀的結果固然重要，但是整個過程中如何參與、如何使用工具，也是一場心智與思維的修練。

6

自行車、真正的問題與不同凡「想」

解讀的過程已經決定最終的答案

解讀不是把世界解釋成為自己的理所當然

需要問許多問題，才能釐清真正的問題

洞見不是靈光乍現，而是有步驟的發現

問對人，才能獲得有價值的資訊

要解決的不是問題本身，而是造成問題的原因

解讀，需要不與時人彈同調的不同凡「想」

幾年前電視上出現一支以台日混血明星金城武為主角的飲料廣告。他騎著自行車穿過一片金黃稻田的畫面，令人印象深刻。我自己也曾在那條稻浪中的鄉間小道上，騎著自行車在早晨的陽光裡迎風而行，感受花東田野間閒適的氛圍。

台灣是全球自行車設計與生產的大國，但是對自行車的騎乘環境與路權的尊重，是從一九九〇年代開始，逐步設立「自行車專用道」。在二〇〇〇年以後，戶外休閒風氣逐漸興起，除城市內大量設立自行車專用道外，在主要河川河堤外環道路系統中，也增設休閒運動性質的自行車道。此外，各縣市為了增加觀光收益，紛紛在風景區及具自然或人文特色景觀的路徑上，增設觀光休閒自行車道。有些規劃非常成功而成為熱門景點，如前面提到廣告拍攝的地點，甚至連路上的一棵樹都成為遊客到此一遊必拍的打卡熱點，有些卻沒能達到預期的效果。

幾年前，中部某大學邀我擔任問題探究與解決的工作坊講師。其中一個小組想解決的就是一條觀光休閒自行車道效益不佳的問題。在本章中我分享這次經驗，以此來談解讀的工具。

●解讀不是把世界解釋成為自己的理所當然

這條觀光休閒自行車道落成多年，但是效果不彰。落成初期，因為大力宣傳加上民眾好奇嘗鮮，有近半年的時間，每到週末或假日，有不少人在這全長八公里的自行車專用道上，享受騎乘自行車的自在和運動後的暢快。

但這番盛況只維持大約半年，之後這條自行車道上自行車愈來愈少，摩托車愈來愈多，現在可說已經成為「摩托車專用道」。因此，這小組希望能解決摩托車占用的情況，恢復成原來的自行車專用道。

該小組經過第一階段討論，迅速提出解決方案。小組成員的想法是：結合當地文化活動與特產，舉辦活動增加觀光誘因，提升知名度，吸引觀光客與自行車愛好者。

結合當地文化與特產，既能活絡特產行銷，又可以宣傳自行車道，看起來是不錯的主意。但是這方案似乎太早出現了。目標是想恢復成原來的自行車專用道，首先應該要解決什麼問題？

確認小組沒有其他補充說明，我對他們的解決方案提出我的想法：

一、如果是摩托車的問題，在自行車道入口設置立牌，說明此路為自行車專用，甚至說明違反規定會受到的處罰，並安排警員每日巡邏，就算沒能徹底解決，也應該能在大部分時間內，讓自行車愛好者享受這條為他們打造的專用道。

二、若要解決行銷和知名度的問題，文化活動與在地特產的行銷結合，或許可以創造話題，但是可以維持多久？

此外，活動帶來的人流，是否會造成自行車騎乘者的不便和活動參與者的安全問題？

三、最重要的是，這樣的行銷活動能否在未來為自行車道創造出更多善加使用的機會？受活動吸引而來的人，目的是想參與活動，還是想騎自行車？

聽完我提出的這幾點回饋，小組成員面面相覷，一時無人回應。可見小組剛才的討論過程忽略了重要的事，所以我請他們再次討論真正需要解決的問題是什麼。

其他各組看到這一組（第一組）的情況，也各自展開進一步的討論。

三十分鐘後，我又回到第一組，詢問是否有進展。

有一位組員起身分享：「我們第一次討論，是直接把自己心中如何解決問題的方法提出來。認為觀光休閒自行車道被摩托車占用，是大家不愛去使用的重要原因。但是剛剛聽講師的想法後發現，摩托車違規的情形的確是管理上的問題，落實管理應該可以解決。

「另外，我們原先沒想到活動或許不能帶來助益，反而帶來新的問題。所以第二次討論我們聚焦在釐清問題上，重新界定要解決的問題是『觀光休閒自行車道使用率偏低』。」

我聽完第一組新設定的問題，半開玩笑的說：「從各位對現況的說明，這條自行車道的使用率很高啊！」這時候現場傳出微微的笑聲，我接著說：「這條自行車道使用率很高，只是大多被摩托車誤用。」這時連第一組的組員都笑了。

「所以，要解決的問題是什麼？」我再次問。第一組又陷入苦思，其他組也開始小聲的交頭接耳討論。我抓住機會，對著大家說：「不如我們都來解決這條觀光休閒自行車道的問題。」各組似乎都躍躍欲試。我宣布，第三輪討論開始。

需要問許多問題，才能釐清真正的問題

因為有前兩次討論的基礎，所以我刻意將第三次討論時間縮短為十五分鐘。時間一到，我開始提問：「要解決的是什麼問題？有哪一組想分享？」

這時候第四組的小組長舉手，我把麥克風交給他，他說：「要解決環境的問題。」

我直接回應：「聽起來很合理。但環境是個很大的概念，包含的項目很多，需要解決環境中的什麼問題？請讓我們更清楚知道，需要解決的環境問題有哪些？」每個人的表情頓時又困惑了起來。

我接過第四組組長手中的麥克風說：「我們剛才一直在想要解決什麼問題，但如果問題定義不清楚，解決方案也就難以聚焦。我現在重新設定第一組的問題給各位參考：『觀光休閒自行車道自行車使用率偏低問題』。這問題聚焦在自行車道沒被自行車充分使用，解決方案的思考方向是如何讓自行

車騎乘者願意充分使用專屬車道。」

現場的學員對此番轉變過程多表認同，並且想在各自的小組裡討論。但是大家還沒來得及開始討論前，我又補上一個問題：「根據重新設定的提問，我們要解決的是誰的問題？」新增的問題又讓在座的學員交頭接耳。

這的確需要釐清。觀光休閒自行車道自行車使用率偏低，可以變成地方政府施政績效低落、浪費公帑的問題；可能是附近商家觀光收入不佳的問題，或是摩托車駕駛有更便捷的路線，卻需要繞路的問題。到底從哪個面向來思考、解決誰的問題，才能讓困擾大家的自行車道問題迎刃而解？

我再次給各組十分鐘進行第四輪討論：解決誰的問題與自行車道使用的問題最相關？

各組展開討論後，有的各自發表意見，有些組開始把有關係的單位或相關者身分的名稱寫在便利貼，貼在各組所屬白板上，以線條建立關係圖，尋找並解讀誰是關鍵人物。我發現第三組在白板上使用許多不同顏色的便利貼，並且把寫著「自行車騎士」的便利貼畫了一個又一個的圓圈。我在一旁等他們有了共識，就請這組分享討論後的結果。

我把麥克風交給起身發言的學員，他說：「剛才講師說：『解決誰的問題與自行車道使用的問題最相關？』這句話點出其中具有因果關係。觀光自行車道自行車使用率偏低，可能是因為這條自行車道不符合自行車愛好者的要求，造成使用率偏低。所以，從因果關係來看，若能解決自行車愛好者的問題，就有機會解決自行車使用率過低的問題。」聽完他的分享，各組紛紛點頭稱是並給予掌聲。

● 洞見不是靈光乍現，而是有步驟的發現

這組學員的發現與分享，的確有助於釐清問題，讓「需要解決誰的問

題」有了新進展，也使得各組學員更加躍躍欲試，想討論自己組裡所設定的問題。這時我再次拿起麥克風說：「感謝前面夥伴的分享，透過對提問中因果關係的發現，聚焦在使用者身上，讓需要解決的問題更為明確。接下來，需要解讀的是自行車使用者需要什麼？如何滿足他們的需求？」隨後，我利用投影片介紹具有五個核心步驟、能解讀問題，同時能提出解決問題方案的思考工具——「設計思考」（Design Thinking）。

「Design Thinking」目前大多數人以「設計思考」來稱呼它，也有人翻譯為「設計思維」。這是一種以人為本的思維模式，普遍應用來組織、討論、框定、管理各式各樣的問題並解決問題。要注意的是，設計思考具備明確的步驟流程，但這些流程更像是探究問題、解讀事理的心智流動。這種思維模式，以使用者為中心，相較於產品外觀或美學風格，更注重的是洞察使用者的真實需求。從同理的過程解讀問題的核心，再透過定義、發想以及試驗，提出解決方案。不僅設計出滿足使用者需求的物品，甚至能夠引導組織和企業走向創新。

全球十大創新企業IDEO的執行長提姆．布朗（Tim Brown）曾在《哈佛商業評論》（*Harvard Business Review*）給出定義：「設計思考是以人為本的設計精神與方法，考慮人的需求、行為，也考量科技或商業的可行性。」而IDEO創辦人大衛．凱利（David Kelley）也將思考流程轉換成一系列課程，在史丹佛大學成立碩士課程D-School學程，啟發世界各地的創意工作者與企業高層人士。

設計思考是一種思維，一種自由流動，具有探究思索目的的心智活動，但在設計思考中要遵循五個關鍵的核心步驟（頁一四一，圖1），不至於造成焦點的迷失。以下介紹設計思考的步驟。

一、同理他人（Empathize）

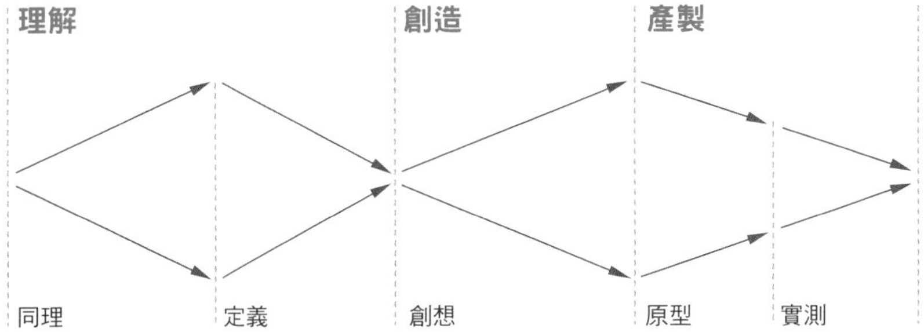

圖 1——

設計思考的五個流程

這個步驟可以說是設計思考中的關鍵，在這一步驟，若對使用者的理解產生錯誤，將導致後續所有步驟的成果完全錯誤。提姆．布朗說過，「同理心是設計的核心。如果不了解用戶的想法、感受和體驗，設計就是毫無意義的任務。」

落實同理他人有個關鍵，一如上一章在田野調查的介紹中所說，不帶主觀的判斷，去體察對方真實的困境，設身處地以對方的立場來檢視問題，透過大量的觀察、記錄、問卷調查，實際認知使用者的問題，並對不同的使用者加以分析，以定義需求。

二、定義需求（Define）

這個步驟的重要性很容易理解，若定義錯誤，思考的方向也就錯誤。但是這也是設計思考中最有挑戰性的一個環節。所以要佐以其他條件例如3W，進一步匡列內容。

Who——解決誰的問題

What——使用者的痛點是什麼？需要滿足什麼需求？

Why——為什麼會有這些問題？

設計思考的思維模式，強調找出真正的問題以及需求，因為找到根源才能提出有效的方案來解決問題。不過許多工作者發現，找問題的過程，往往比解決問題要困難許多。這也就是前文提及的自行車道例子中，各組經歷定義問題的挑戰。

三、構思創想（Ideate）

到這個步驟，就完成近半的過程，而且能跟原先擁有的經驗與知識相連結，進入實際解決問題的思考。這個階段最常採用的工具就是腦力激盪的動腦會議，透過團隊集思廣益，初步先廣列所有可能的方案，再將大家的意見分類整理，歸納出合於需要的解決方案。

四、原型試做（Prototype）

此一階段的關鍵在時間，將大家一起構想的解決方案，以各種方式包括手繪、電腦3D繪圖，或是草擬的方案說明等等，快速做出可以測試的原型並進行實測，蒐集第一手資料，再回頭修正。檢視定義的需求是否正確，發想的解決方案以及設計的原型要做何種調整。

這階段有個重要觀念在於要注意「失敗早，失敗小」（fail early, fail small.），意思是提醒工作者在計畫執行的過程，寧可早點發現問題，所犯錯誤代價較小，若投下大量資金與資源之後，才發現問題不是預想的情況，結果就難以收拾。藉此不斷修正的「再進化」後，才有機會得到最貼近使用者需求的解決方案。

五、測試實證（Test）

最後來到測試階段。這階段要真實的觀察、接納用戶的真實回饋，如此測試才有價值。如果過程中發現初始的定義不準確，就再次釐清問題，快速調整方案。就像前述各組討論的情況，一發現有問題，馬上再次釐清修正。如此反覆測試修正，直到使用者認可的最佳方案出現。

介紹完後，我請各小組以設計思考的歷程重新討論。

●問對人，才能獲得有價值的資訊

各小組似乎掌握要領了，但是卻卡在另一個問題上：要怎麼臨時找到有代表性的自行車騎士接受訪談？這時我想到好友L。他是五金材料大盤商，喜歡戶外活動，騎自行車多年，和他聊天時，經常聽他分享全省各地長途騎車或攻頂的經驗。同時，他也是兩個孩子的父親，週末會帶全家人到郊外騎車與露營。如果他現在有空可以接受電話訪談，應該對參與工作坊的學員有幫助。

我先發訊息詢問他是否有空接受訪問，同時也向學員說明，如果受訪者答應，我將和大家一起連線訪談。L回覆訊息應允，我撥打電話，透過手機擴音再用麥克風播出來，L開朗熟悉的聲音在教室中響起。

一開始，我先問他騎自行車的時間有多久，再問他持續騎自行車的原因，以及通常會去哪些地方騎自行車。這些問題是讓大家對受訪者有基礎的認識，也檢視對方是否符合我們設定訪談對象的條件。各組接著陸續提問，L知無不言，詳盡回答。不過，我的兩個提問和L的答案給現場的學員帶來重要的資訊。

第一個問題是：「你如何選擇想去哪條路線騎自行車？」第二個問題是：「你認為觀光休閒自行車道要滿足哪些條件？」

L對第一個提問的回答，以他認為重要性的先後次序排列如下：

一、**風景：**景觀愈好愈想去。
二、**挑戰性：**對技術、體力有挑戰性。
三、**成就感：**完成會很有成就感。
四、**朋友觀感：**騎完全程，會讓朋友羨慕或佩服。
五、**方便性：**交通的方便性，至少可開車到達。

第二個問題的回答，也以Ｌ認為重要性的先後次序排列如下：

一、**風景：**既然是觀光就要有風景。
二、**有樹提供遮蔭：**有樹很重要，騎自行車全程若有樹蔭，能避免陽光曝曬，更能享受騎車的樂趣。
三、**方便：**如果抵達自行車道的交通不方便，往往還沒騎就累了，無法產生休閒的感受。

四、路面平坦，適合各年齡層：上下起伏過大的路程不適合休閒，尤其是兒童或長者，危險也相對提高。

五、餐飲休息：一定要有咖啡廳或可以坐下休息的地方。

六、管理：觀光休閒自行車道有自行車移動，有餐飲休息區，有不同年齡的人穿梭移動其中，甚至也會有攤販。沒有好的管理，會出現很多問題。

從這兩個問題的答案和重要性的排序，很容易可以發現，對騎乘經驗超過二十年、具有職業選手能力、平日會參加車隊俱樂部團體競騎的自行車車友來說，選擇自行車道路線的原則，反映了自我挑戰與吸引眾人目光的需求。他需要的是高強度、有指標性的自行車道。而L身為兩個孩子的父親，在闔家休閒的考量下，一條合適的自行車道，需要滿足不同的條件。

當天臨時加入的這場線上訪談恰到好處，不會太複雜，又有具體實例，可以讓現場學員比較實際訪談與憑空想像的落差。

要解決的不是問題本身，而是造成問題的原因

結束訪談後，我再次向所有學員提問：「經過四輪的討論和線上訪談，有什麼發現與學習？」現場一位學員舉起手說道：「在沒有訪談之前，我對如何解決問題一直停留在自己的想像中，而且我不太喜歡戶外運動，因為會流汗又很熱，即使現在不是夏天，陽光也一樣強烈。沒想到真實的需求和我所想落差很大。這讓我更想知道，要怎樣弄清楚問題和解決問題了。」講完後她有點靦腆的坐下，同組的學員也頗有同感。

這段分享，剛好為我接下來提到的案例開場。我接回麥克風說：「我們今天一整天，就是要知道如何釐清問題、解決問題。看來前面的討論，成

功激發起各位的好奇與興趣。」我接著說：「和 L 先生訪談後，我的發現是，關鍵在使用者的體驗。以人為中心一直是設計思考發現問題與解決問題的關鍵基礎。有實際的例子可以再次證明蒐集使用者經驗的重要性。Acela 是由美國國家鐵路客運公司經營、行駛在美國東北大都會聚集走廊的高速鐵路列車。一九九七年 Acela 公司因為火車載客率偏低，高層找來 IDEO，希望改善車廂設計來提高乘客搭乘的意願。關於改善車廂設計，大多數人直覺上會想到要解決的問題可能是加大空間、改善座位的舒適性或是提升質感，但當時 IDEO 並沒有重新設計車廂，反而是先做了大量的問卷調查。結果從蒐集到的訊息中發現，民眾搭乘率低的真正原因是購票、訂票、取票以及搭乘的流程太過繁瑣，導致搭乘意願降低。最後 IDEO 重新設計購票系統，就達到提高乘車率的目標。」聽完這個例子，大家都很驚訝，美國 Acela 火車的例子和觀光自行車道的討論過程，竟然如此相似。

其實相似的不是例子，而是人們面對問題展開思考時，以自我為中心的心智習慣。我們進一步來思考，自行車道自行車騎士使用人數過少，更值得探討的問題是，為什麼要在這地方設置一條觀光休閒自行車道？

一條賦予觀光休閒功能的自行車道，並不是開條路、插上「觀光休閒自行車道」的牌子，就自然會變成觀光休閒自行車道，還需要許多條件配合。如果依第一組剛開始的報告，這條路原先是在地農友騎摩托車或鐵牛載送農作物的便捷道路，附近是農業栽種區域，固然為車道沿途創造一片青綠的農園景色，但自行車道全長只有八公里，又缺乏挑戰性，難以吸引專業車手的青睞。若以觀光休閒為目的，沿路缺乏樹蔭屏蔽，自行車道所在地及周邊也沒有高知名度的景觀形成綜效，就難以滿足觀光或家庭休閒的需要。沒有人潮也就沒有吸引商家進駐的條件，更別談行政單位並未提供整體觀光休閒的配套規劃與設施。是誰決定這條自行車道？當時的決定合理嗎？如果不合理，現在這樣的窘境也是必然的結果，沒有保留與改善的價值。

近年來有些地方政府以提升政績為目的，未經全盤規劃就貿然複製其他縣市成功的建設計畫，結果不僅沒帶來預期的觀光效益，反而為當地居民製造困擾。或許以在地發展的思維來看，並不需要觀光休閒自行車道，而是需要簡便快速運送農作物的便捷道路。

解讀，需要不與時人彈同調的不同凡「想」

這結果帶我們面對另一種問題情境；若主事者或消費者都不知道有問題時，如何解決問題？真的會有這樣的情況嗎？福特汽車創始人亨利．福特（Henry Ford）若聽到這個問題，絕對點頭稱是。

生活在一九〇〇年紐約市的人們有充分的理由相信，汽車很難成為大眾市場商品。根據當時四輪馬車公會的統計數據顯示，一八九四至一八九九年間，紐約市共售出三十五萬輛四輪馬車，而汽車銷量僅一二五輛。許多馬車製造商將心血放在研發更好的馬車，認為只要製造出更舒適、更快速的馬車，銷售就會提升。「汽車大王」亨利．福特有一句名言：「如果我當年去問大家想要什麼，他們肯定會告訴我：一匹更快的馬。」當年這些馬車製造商若能解讀出大家對馬車的需求不是馬車本身，而是更為舒適與快捷的交通工具，或許促使汽車工業發展的就不是亨利．福特了。

另一位對時代具有超凡解讀能力，引領世界跨入新時代的企業家，是在離世多年之後仍受到世人敬仰的蘋果電腦創辦人賈伯斯。賈伯斯無疑是二十一世紀最具影響力的人之一，但也是個形象複雜、評價兩極的企業家。他像個偏執狂追求完美，卻讓產品持續超越人們的經驗，他獨裁的管理方式，讓合作夥伴又愛又恨。在企業舞台上，他像天神般受到仰望，可是他與妻子、女兒的羈絆薄弱，連自己都低頭慚愧。

然而就像張愛玲在〈天才夢〉中描述的瓦格涅（即作曲家華格納），世人原諒了他的疏狂，世人也包容了乖張的賈伯斯，並歸結於他們獨享的理由——因為他們都是天才。

天才與否難有定見，但是蘋果電腦在賈伯斯回歸後推出經典廣告系列，或許是賈伯斯為自己和同類——具時代超越性的人——所下的注解。

一九九七年，蘋果推出一支廣告，主題是「Think Different」（中文普遍翻譯為「不同凡想」）。這一分鐘的廣告包含了十七位西方近代史上具有時代性、同時在各自領域中為世界開創新局的歷史人物。依據影片中出現的順序，包括了愛因斯坦、巴布迪倫、馬丁路德金恩、理察布蘭森、約翰藍儂、巴克敏斯特富勒、愛迪生、阿里、泰德透納、瑪麗亞卡拉絲、甘地、愛蜜莉亞艾爾哈特、希區考克、瑪莎葛蘭姆、吉姆漢森、法蘭克洛伊萊特、畢卡索。這支全長一分鐘的廣告片結尾，以一位張開緊閉雙眼的小女孩作為結尾，似乎在提醒觀看者，如何解讀這世界，成就「不同凡想」。

廣告推出的時間，正是賈伯斯重回蘋果擔任執行長那一年，所以這則廣告的主題「Think Different」就像是蘋果電腦對全世界的宣告，定調日後所有蘋果產品的精神，更是賈伯斯個人風格與思想的投射。他的精神也顯露在他的名言中：「消費者通常要看到產品，才會知道自己想要什麼。」——（People don't know what they want until they've seen it.）這句話乍看之下似乎不尊重消費者的想法，但這句話並無不敬之意，反而是身為創新者，對於問題與需要，比一般大眾有更深刻的理解。這也是賈伯斯本人和蘋果電腦在設計商品、解決問題的創新思維，稱為「設計創新」（Design-Driven Innovation），與「設計思考」強調對使用者進行田野調查般蒐集資訊，以漸進式的歷程所形成的解決方案有所不同。

設計創新雖然在實踐方面最後還是落實在設計上，但是其背後是另一套完整的解讀思維。「設計思考」是以使用者為中心的思維，其對問題思考的步驟化流程，固然可以讓一般大眾或企業高層容易明瞭與接受，卻可能失去更具前瞻性的冒險，錯失創造超越性方案的機會。

但是在「設計創新」的思維中，解決問題並無制式化的流程，而是尋求不同專業研究的融合，包括社會、文化、科技……等領域的前衛研究者（radical researchers）。對於問題與未來進行深入的探討，進而提取新的意義，以更新的概念，置換有問題的舊思維。

上述兩種解決問題的思維，帶來兩種改變的形式，分別是「改善」與「創新」。兩者的結果看似相近，但是內涵卻差異很大。

「改善」是基於可見且具體的條件，以及大量具備多樣性與差異性、有助於直接解決問題的想法，逐步改善問題。例如過去全球市占率極高的手機霸主諾基亞（NOKIA），或豐田汽車（TOYOTA）在提升品質過程中發展出來「問五次為什麼」的方法，有效的優化產品，但缺乏超越性的發展。

「創新」則是著力於專注探索新觀念，重視專業經驗與學術研究，挑戰現有的典範，並以特定的目標來彙整。在本質上是想像的，同時以個人素養底蘊為基礎。最具代表性的例子就是「Think Different」的蘋果電腦。如果賈伯斯當年抱持的只是改善電話使用經驗的想法，聽一般民眾的意見，而不是藉由專家研究了解未來數位網路的趨勢，掌握先端觸碰式螢幕的技術發展，預先想像一台可以在數位世界中隨身取得與傳輸資訊、輔助工作的工具，加上自身對禪意簡約的體悟，蘋果iPhone不會橫空出世，改變了產業，也改變了我們的生活和世界。

「認知問題後，根據使用者當前的問題提出解決方案」，與「認知問題並探究意義後，再提出超越現有、以新型態取代舊行為與問題的解決方案」。這兩種解讀問題、解決問題的思維，就像神秀的主張「時時勤拂拭，不使惹塵埃」，與慧能的體悟「本來無一物，何處惹塵埃」兩者的差異，各有立場，自有法門。但仍然有共通之處，因為兩個結果，都是依循對事物的解讀所獲得的參悟。

同樣的，每一位在蘋果「Think Different」廣告片出現，推動時代前進，改變世界的人，都以各自的精采豐富這世界的多樣性。而這些不凡的生命也有共通之處，就在於對這世界擁有與時人不同的解讀並採取行動。不止於解決當前的問題，更建立新的典範。

漸進也好，超越也罷，都是回應問題的解讀。這兩端之間更深的關連，是擁有開放的心智。因為我們所有學習的內容與生活經驗，不停的充滿心靈，形塑我們解讀世界的心智習慣。任何事物與訊息在接收的過程，心智習慣就像個有色的鏡片或濾網，決定我們看見的顏色和接觸的內容。這過程若缺乏提醒或覺察，將難以發現它的存在。這心智習慣和我們的關係，就像是一台電腦安裝置入的作業系統，電腦不知道作業系統存在，但電腦能做的事，都受限於這個作業系統。

我想，對一位解讀者而言，最有意義的解讀與超越，是解讀出自身的限制，完成自我的蛻變，才能擁有超越的眼光，成就不同凡「想」。

7

獅子王、英雄之旅與金花的蛻變

內在的自己決定外在的世界

解讀的歷程也是自我蛻變的歷程
解讀外在的世界，需要認識內在的自己
解讀外在的過程，是穿越內心的試煉
問題有不同面貌，但穿越的過程只有一個原型
重生代表重塑心智與思維
最重要的不是我們讀過什麼或記得什麼，而是我們成為什麼

看電影已經是我們生活的一部分，一部熱門電影可以在全球創造驚人票房，為電影公司賺進豐厚利潤，媒體也會報導電影票房排行榜，做為消費者選擇的參考，同時也讓電影公司知道觀眾喜好的趨勢。

若談到電影票房紀錄，一九九四年最賣座的電影是迪士尼的動畫電影《獅子王》，全球營收為十億八千萬美元，名列影史上票房排名第三十名。不過，若加上二〇一九年由導演強·法夫洛（Jon Favreau）以最新3D技術的新製版本《獅子王》，在全球播映的收益為十六億五千萬美元，兩個版本累計共二十七億三千萬美元。僅次於第一名《阿凡達》二十八億四千六百萬美元與第二名《復仇者聯盟：終局之戰》二十七億九千七百萬美元，成為影史上銷售排名第三名。

若純粹以動畫片來比較，二〇一九年3D版的《獅子王》票房，超過另一部風靡全球的動畫片《冰雪奇緣》（票房紀錄為十四億五千萬美元），成為影史上最賣座的動畫影片。

《獅子王》成功的原因很多，從獲得多項大獎的音樂製作到細膩的動畫都功不可沒。不過，這部動畫片之所以受歡迎，應該還有其他的原因。根據前面的資料來看，《獅子王》動畫有兩個版本，而且第二部成績比第一部更好。從行銷策略的角度來看，一九九四年看過《獅子王》的孩子，經過二十五年，可能許多人都成家立業，甚至也有了小孩。藉著3D動畫版上映，讓第一代觀眾帶著孩子和懷舊的心情，重新回味這部經典動畫，一定可以創造加倍的票房。

結果證明，新版3D《獅子王》票房比第一個版本增加了近七成，市場精算是成功的原因之一，不過，行銷再怎麼精明，如果電影不好看，觀眾對內容沒有共鳴，成績不一定會好。近期迪士尼動畫有好幾部重拍，為什麼《獅子王》最成功？我認為跟它的故事有關。

《獅子王》的故事並不複雜。影片開頭，非洲大地的榮耀王國在曙光中慶賀獅王木法沙迎接新生兒子辛巴。身為小王子，辛巴在大家的呵護與關愛中逐漸長大。與此同時，獅王木法沙的兄弟，也就是覬覦王位的刀疤叔叔，算計著要如何奪取木法沙的權位。後來，刀疤叔叔利用木法沙保護辛巴的時機，將自己的兄弟推下懸崖，並怪罪可憐的辛巴，指責他的幼稚和任性害死了父親。

辛巴帶著無盡的愧疚和痛苦離開榮耀王國。刀疤叔叔抓住機會，成功奪權，當上榮耀王國的國王。離開榮耀王國的辛巴，流落到陌生的森林，狐獴和疣豬接納他並結為好友，辛巴從此過著不屬於他的生活，甚至刻意遺忘原本的身分，以「hakuna matata」（出自於非洲斯瓦希里語，意思是「不用擔心」、「沒有問題」）的態度，刻意忘記過去的傷痛，過得很愜意。直到獅群中的兒時玩伴娜娜出現，讓他重新認識自己的真實身分與使命，於是他回到榮耀王國，帶領獅群和百獸擊退刀疤叔叔和胡狼，重登獅王高台，讓榮耀王國再次欣欣向榮，生生不息。

解讀的歷程也是自我蛻變的歷程

這故事簡單來說，是我們熟悉的宮鬥奪權和王子復仇的老哏，這類劇情大量應用在許多影視作品中，為什麼《獅子王》依舊獲得廣大觀眾的共鳴？

美國神話學大師喬瑟夫・坎伯（Joseph John Campbell）在一九四九年出版的神話學經典著作《千面英雄》（*The Hero with a Thousand Faces*）中整理並分析世界各地的神話故事，包括：希臘、斯堪地納維亞、埃及、印地安與中、南美、印度、日本、中國等地，解讀這些神話裡共通的象徵和比喻。坎伯在書中提出「單一神話理論」，認為這些不同區域的神話故事中有共通的結構。故事的主角從平凡人轉變成英雄，揭示人在面對生命原始的畏懼、迷惘、自我懷疑中，逐步克服挑戰、誘惑，發展出內在巨大的生命力量，接受原有的自己，蛻變出更加完整而美好的自己，並解決外在巨大危機的過程。

坎伯認為，這些神話中英雄冒險旅程所經歷的各種挑戰，對英雄內在心智發展的成形，和宇宙存在於形上的意義相互連結。其中包含人類共有的命題，例如：我是誰？我從哪裡來？死後往哪裡去？我存在的意義是什麼？什麼是善？什麼是惡？我此生的任務是什麼？我跟世界的關係是什麼？令神話中英雄困惑與迷失的劫難，幾乎可以用來了解我們遭遇的所有問題。故事情節中前往未知路途、幽暗森林或地底深處這些向外的探究與冒險，反而讓英雄深入探索個人的心靈深處，在過程中成長、蛻變，從脆弱變為堅強，在絕望、迷失中重獲新生，實際上是一場內在的蛻變旅程。坎伯架構出一套跨文化的心理原型與象徵，分為「啟程」、「啟蒙」和「回歸」三大階段和十七個步驟，稱為「英雄之旅」。

從這觀點來看，我們在人生旅程上，必然要接受試煉，完成生命賦予的使命，成就英雄偉業，對充滿奧祕的宇宙與自身的存在有所醒悟，而我們每個人都是等待蛻變的英雄。當試煉告一段落，所有英雄都帶著全新的自己與身分，回到原本出發的世界裡開啟新生活。這可以讓我們進一步理解，《獅子王》象徵著「英雄之旅」的故事為什麼會引發大眾的共鳴。在主角身上，我們看見自己的處境，也寄情於最終成就英雄事蹟的圓滿結局，那是我們共有的想望與故事。

解讀外在的世界，需要認識內在的自己

若英雄之旅代表人們從困惑到獲得啟發，最後完成生命蛻變的過程，我認為，這過程和我們經由閱讀改變生命的學習過程極為相似。英雄和讀者都困惑於面對的問題或文本。此外，英雄之旅與閱讀歷程，都發生在內心世界，完成精神層面的提升。

我們若想進一步從精神層面了解心智的轉變，就需要借助奧地利心理學家、精神分析學創始人佛洛伊德（Sigmund Freud）所提出區分內心不同層

次的觀念。

佛洛伊德開創了精神分析學派，成為最有影響力的思想家之一，他對夢、潛意識與人格精神面貌的研究，廣泛影響二十世紀不同領域的思想。在佛洛伊德的研究中，除了對夢的解析之外，他將人的精神意識，分為「本我」、「自我」與「超我」三種面貌。

關於「本我」，是我們與生俱來的人格。是人最為原始的、本能的、衝動的欲望，如飢餓、生氣、性慾。「本我」只有一個原則就是快樂，就像任性而為的孩子，以自己為主，無視於外在規則，追求個體快樂的滿足，避免痛苦或不愉快。而「自我」的部分，是「本我」要適應社會化過程，基於自我實現，學會區分「本我」的想法和欲望，需要受外在世界的秩序與思想限制，因此要暫時中止原始的快樂原則，調和自己和環境的關係。所以佛洛伊德認為「自我」是人格的執行者。最後關於「超我」，這部分在佛洛伊德的理論中比較複雜，簡單的說，是以相較於「自我」更加上位的社會文化、行為規範和道德期待，形成超越「自我」的精神人格，並臣服認同於父親的形象。這裡的父親，不是指真實的父親，而是如孩子面對父親超越自己的狀態，象徵外在更為巨大的權利與權威。若歸納前面佛洛伊德對人格三種層面的表現來說，「本我」是基於本能的，「自我」是基於規範性、客觀性的，「超我」是基於超越「本我」與「自我」條件的，以自身以外更加高階的客觀標準，例如普世價值、科學原理或宗教教義等做為依歸，連「自我」都有臣服的需要。

然而，心理學與閱讀又有什麼關係？在我的經驗中，無論在職場或學校談及閱讀或解讀時，多數人都聚焦在工具與操作步驟。但我認為，想要理解事物，閱讀者或解讀者的內在條件更重要。所以，想更深入探討閱讀或解讀與讀者的關係，有必要先對上述涉及內在轉變的心理學觀點進行說明。

接下來，我想借用心理學的觀點，探究讀者在閱讀與解讀中，內心如何產生蛻變。

解讀外在的過程，是穿越內心的試煉

就我過往工作經驗所及，除非是自己熟悉並有大量經驗支持的閱讀，否則現實中許多閱讀或解讀，尤其是面對複雜或陌生的內容，都必須耗費許多時間思考。而且，愈是老練的解讀與分析者，即使面對小問題，也不會貿然下論斷。因為每次探究問題，提出最終解方，都需要經歷困惑、懷疑、檢視的過程，解讀者自己也會在這過程中反思、修正與提升。為了詳細說明，我借用佛洛伊德提出的「本我」、「自我」與「超我」為框架，以坎伯說明生命蛻變的英雄之旅和榮格的個體化歷程，做為轉變與成長的參照。

我在閱讀工作坊中，很喜歡以旅行來比喻閱讀理解的歷程。就一般旅行來說，行程是否帶來深刻的衝擊，對沿途人文風景是否有洞見，無須太過嚴肅的看待。同樣的道理，一般休閒性的閱讀，跟一場書本內容的輕旅行相似，自己覺得愉快、有收穫就好。但有目的性的閱讀或解讀，面對一段未曾見過的內容或問題，就像面對一片未曾探索的黑森林，對行走其中的人而言，是十足的考驗。

如果以原始的「本我」進行閱讀，以愉悅感做為原則，以自己的好惡來判斷，容易導致任性恣意的解讀內容。這樣的閱讀，創造的是自身的快樂，但無助於理解內容或問題。這情況經常出現在孩童或閱讀素養有限的讀者身上。但並非只有缺乏經驗的讀者才會如此，事實上，這情況普遍出現在各個年齡與各種身分的人身上。若發生在有一定身分與影響力的人身上，帶來的影響將更巨大，因為「本我」的欲念凌駕於自身的知識與經驗，將會形成背離客觀事實的判讀，造成表面看來是專業的表現，但結果依舊是「本我」快樂原則的擴張。

「本我」的快樂原則一直藏在內心深處，以難以覺察的方式影響我們。電影《獅子王》中長成為青少年的小獅王，高唱「Hakuna Matata」——「不用擔心」、「沒有問題」，選擇快樂，迴避問題，扭曲真實的態度，象徵「本我」快樂原則的影響。這時候若「自我」能覺察這情況，發現自己受到「本我」影響，讀者就能以「自我」進行心態的調整，用客觀、有規範性的條件，做為閱讀理解與自身監控的依據，降低「本我」在暗影中的影響。電影中辛巴小時候的玩伴娜娜出現，喚醒小獅王面對真實的自我，同時也制約本我的影響。

對於閱讀歷程的檢視，除了對自己的監控外，也需要容許外在客觀原則與真實條件所代表的「超我」，對「自我」所建構的理解進行評鑑與反思。但這其實沒有那麼容易。就如佛洛伊德所言，「超我」是父親形象與文化規範的符號同化與客觀真實的情境。在《獅子王》裡，娜娜告知榮耀王國岌岌可危與獅群的真實情況，以及天上雲彩幻化成獅王木法沙，提醒小獅王辛巴，身為王子應該為所有動物和王國重返光榮而努力，都是「超我」的象徵，促使小獅王的自我接受重振榮耀王國的使命，迎向蛻變與超越自我的命運挑戰。「超我」傾向於站在「本我」的對立面，抑制原始渴望，並對「自我」帶有指導與規範作用，以自身之外更為崇高的規準，進行自身理解的檢核。主觀的「自我」願意臣服於客觀的「超我」，即代表讀者的成長與解讀的進階表現。

不過，有種情況很特別。若經由客觀的驗證，「自我」在解讀後的創見，超越了「超我」所代表的原有規準甚至是典範，成為具超越性的洞見，這就如同精神分析中「殺父娶母」所象徵的一般，取代父親崇高的位置。這結果往往會引發來自於自身內在或外在的衝突。這情況在真實生活中也常見，例如公司裡有位員工在工作上遇到問題，努力研究思考後發現關鍵所在與解決方法，提出超越主管或專業經驗的洞見。這位員工一開始可能會懷疑自己的判斷是否正確，但經過反覆驗證後，確定無誤，便大膽的在會議中提出，很可能會面對一位甚至是一群主管的質疑或挑戰。為了證明自己的觀點是正確的，嘗試溝通甚至辯論將無可避免。將這情形套入佛洛伊德的觀念來看，這是建立主體性必然會發生的衝突，也就是「殺父」與「屠龍」的真實戲碼。要是沒能克服這龐大限制，個體的成長與完整將因而受限。

讀者從「自我」到「超我」的內心角色轉換，最後到「殺父」與「屠龍」的試煉，一位英雄的成長歷程就隱身其中。

問題有不同面貌，但穿越的過程只有一個原型

英雄之旅有三個階段，第一個階段稱為「啟程」或「隔離」，通常代表與自己所熟悉的世界分離，被召喚到看起來一樣，卻迥然不同的世界。

坎伯說：「英雄之旅始於召喚。」那些令我們陷入困境的問題，就是獨特的召喚，它會反覆出現，提醒我們一直都「知道」，卻從來不願面對的事實，直到我們正視它的存在。人會忽視召喚，是因為它將內心底層所囤積的恐懼、無助、焦慮釋放到意識表層，而過去所熟悉的領域以及舊有的概念和

情緒都無以應對，強迫我們從熟悉的世界跨入陌生的黑暗領域。

閱讀與理解事物的過程，也存在上述的情況。我們習慣於個人的思維模式，和固有的理解慣性，我們一直都明白這很容易形成曲解，甚至因此迴避不熟悉的內容，以致於將自己的心智圈放於安全的框架裡停止學習與成長。這裡所指的成長，不僅指知識的增減，更重要的是內在心智條件與力量的提升，能更有自信的面對自己不理解的事物。因此，面對問題進行閱讀與解讀時，要具備如英雄之旅第一階段回應「召喚」的態度，接受心中誠實的聲音，承認我們並非無所不知，將熟悉或陌生的事物都視為第一次接觸，開啟對外與對內的嶄新學習。

神話中的英雄回應召喚，面對並走入問題後，將開啟第二階段，稱為「啟蒙」。在途中，面對自己的無知無助，體認到原因是來自於過往迴避問題，發現自己在意識上被形象的面具（persona）蒙蔽，遺忘真實的自己，誤認外在的面具或身分是自己的真實樣貌。面對問題所帶來的困境，讓我們有機會看見那被隱藏的真實自我和無能為力，這是整個旅程中最重要的功課。了解並接受自己不是想像中的強大與全能，放下蒙蔽他人與自己的面具，打開心胸開始廣泛接受，重新學習與理解，啟蒙將由此開始。

在多次的問題探究工作坊裡，參與的夥伴在看似沒有太多艱難資訊的文章裡，陷入理解的困境，在交流分享中，意識到自己理解有誤區時，才警覺到原先自己對閱讀的自信，是來自於熟悉的領域和選擇的慣性，而不是擁有在不熟悉的內容中，依舊能閱讀、思考與理解的能力。

面對真實自己的當下，會讓人極有所感，這樣的體悟正是「啟蒙」的重要開端，真正的學習與改變由此開始。我自己過往工作的經驗也是如此：愈是深入問題，愈覺得自己能力有限，但也就在這個時刻，接受真實的情況，起身尋找資源，將困境與他人分享，聽取不同觀點，有時候他人一句經驗之談的提醒，就如同智慧灌頂。

在「啟蒙」過程，除了有試煉之外，也伴隨著契機。坎伯英雄之旅的歷程中，有兩個過程，與聆聽他人意見獲得關鍵啟蒙有著密切的關係，並帶有幾分戲劇性。一是「與女神相會」，另一個是遇見「智慧老人」。這裡說的「女神」或是「老人」所指並非外在形貌，而是本質。「女神」代表的是純淨正向的信念，如初衷一般能給予滋養的力量；而「智慧老人」是超然於外，不受制於世俗羈絆的智慧，為解讀者眼前的黑暗點起光明的使者。

我們在閱讀與問題中陷入困惑很正常，如果把這樣的情境帶到真實的生活與課堂上，「對話」就顯得非常重要。因為每一個對話的對象，都可能如神話中帶著智慧，幫助我們解開困惑的智慧老人或是女神。而這些象徵性的人物在現實中也是真實存在的，例如課堂上的老師們，就是活生生能給予學生信念與力量或是照亮迷惘，指引方向的「女神」與「智慧老人」。在我的工作生涯上，前面篇章出現過的C，像是「智慧老人」一樣，開啟我不同的眼界，讓我由內而外，從思維到行為產生巨大的轉變。

每一次的閱讀或參與解決問題的解讀歷程，不一定像前面所舉的例子那樣複雜，但客觀而論，每一篇文章或問題，都能觸發我們對自身的反思。就算在困惑時隨意翻找的資料中所讀到的內容，都可以想像是作者化身成智慧老人或女神給予我們指引，啟蒙我們勇於前進與改變。因此，無論是專家的經驗，或是田野調查時在地村民的回饋，都需要仔細聆聽他們的每一句話語，化去自己無所不知的妄想，接受所知有限的事實，啟蒙將是閱讀與解讀中最珍貴的改變階段。所以，閱讀與解讀的歷程對我而言，就像是讓生命蛻變的英雄之旅。

依據英雄之旅的三個階段，在第二階段「啟蒙」中完成蛻變後，下一步即是「回歸」，代表重生後的自己回到原來的世界。回歸也等同於讀完一本書，我們受作者與書中內容啟發，改變心智與思想，有了超越以往的新觀點或體悟而形成洞見。在理解文本與解決問題的同時，也成就自身由內而外的蛻變，這時的自己雖然還是原先的自己，但已經是穿越荒原、完成蛻變、凱旋回歸的解讀者。閱讀歷程與英雄之旅是內在轉變的過程，兩者之間相對的關係，如一七九頁圖 1 所示。圖中水平直線代表閱讀歷程，同時也區分出外在可見的行為與內心轉變的過程。內在的轉變，由圖中下半部的 U 型曲線表示，包含坎伯英雄之旅三個階段。說明解讀者在面對文本與問題時，從未知到理解，由原先固有認知到接受啟蒙，蛻變出新思維，最後回歸到原本內容與問題上擁有洞見的內在過程。

閱讀歷程第一階段「擷取訊息」，對閱讀對象進行客觀、廣泛的理解，是解讀者啟程並隔離原有所知後，建立新認知的必要過程。第二階段「統整解釋」，意謂對重新觀察的事實，發展出合於真實條件的解釋，同時，對自己原先的認知，也在這階段進行調整，是認知上的「啟蒙」階段。最後帶著統整解釋後的新認知，形成對問題或閱讀內容的關鍵洞察。最後「回歸」到問題或內容本身，重新定義並檢視問題，鑑別最合理的解決方案，同時也反思解讀者自身經歷的過程，形成新認知因而「重生」。這不僅是解讀與探究問題的過程，也是自身成長的修練。

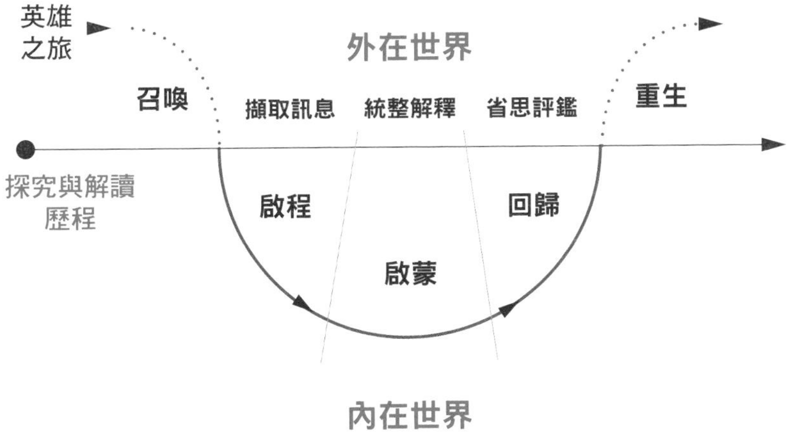

圖 1——

水平直線代表探究與解讀的閱讀歷程，同時也區分出上半部，代表外在可見的行為。

圖中下半部 U 型曲線，代表內在的轉變，包含坎伯英雄之旅三個階段。說明解讀者從未知到理解，由原先固有認知到接受啟蒙，蛻變出新思維，最後回歸到原本內容與問題上擁有洞見的整體過程。

說到「修練」，一九二八年德國漢學家衛禮賢將自己翻譯的中國古籍手稿，寄給瑞士心理學家、分析心理學創始人榮格（Carl Gustav Jung），這本書是相傳由道家祖師之一呂洞賓所著的《太乙金華宗旨》，其中有一篇提到中國「鍊金術」（Alchemy），衛禮賢希望榮格為此篇譯文撰寫評論。榮格讀完這篇翻譯手稿大為驚豔，聲稱此書幫他解決了研究「集體無意識」過程中遇到的困境。而且他從中國道家的內丹思想，發現了他原先從鍊金術中思考「自性」的原型意義、啟示和印證。因此榮格和衛禮賢合著《金花的祕密》（*The Secret of the Golden Flower*）一書。書中談及內丹修練與禪道合一的金花境界，就是「個體化歷程」的結果，自我圓滿和蛻變的自我實現目標。

榮格所說的「個體化歷程」是關於「自性」（self）融合「自我」的特質，也接納「超我」，成為個體自主意識的過程。榮格的「個體化歷程」與坎伯的「英雄之旅」，都隱含著「修練」與「蛻變」的精神。

「修練」和「蛻變」的觀念在人類生活各層面都有深刻的影響，包括大家很熟悉的那句「成為更好的自己」，也脫胎於此。

重生代表重塑心智與思維

看過佛洛伊德和榮格提出關於人內在精神層面的研究與觀念，讓我們明白一個人的內心像個小團體，需要溝通整合，逐步融合形成平衡與整體的內在。然而分裂的內在，如何能形成一致的理解、完成共同的任務？

迪士尼有一部動畫電影《腦筋急轉彎》（*Inside Out*）就把人內心小團隊的溝通與失衡所帶來的危機，以非常有趣的方式呈現出來。電影最後化解危機的關鍵，不是某種情緒主宰了心智團隊，而是相互了解彼此的重要。主角萊莉和父母之間，也因為萊莉坦誠的溝通，相互了解而化解誤會與衝突。這一切的改變都是由內而外，呼應了英文片名「Inside Out」（由內而外）。

這部電影以有趣的故事解釋人的內心情緒影響思考與行為的情況，解決這種內在溝通的方式，對於每一位閱讀與解讀者而言都很重要。但是要如何做呢？人的內心像是一個團隊，或許我們可以從企業組織的管理經驗中找到思考的方向。

彼得．聖吉被譽為繼彼得．杜拉克之後最具影響力的管理大師。他在一九九〇年出版論述「學習型組織」的著作《第五項修練》，獲《哈佛商業評論》評選為最有影響力的管理學書籍之一。這本書幫助人們重建看問題的新方式，從原先習慣看外在的一切，改變為看向內在，看自己的內心；從看局部到看影響全局的系統，尋求克服問題的可能。書中提出五個步驟代表五種修練，將企業中的個人連結為具學習能力的組織，朝目標學習前進。我認為這五個修練項目，在內涵上與榮格和坎伯所說的融合、蛻變與自性化相通，也可以做為自身內在整合的修練。

書中提出五項修練如下：

一、自我超越

不受限於固有的觀點與反應，以主動創造的態度，開展可能性。

二、改善心智模式

覺察每個行為與判斷背後蘊含的價值認同到思考流程的心智習慣，以開放態度接納他人意見，對令自己陷入困境的心智模式進行改善。

三、建立共同願景

就團體來說，這代表整合個人的願景，轉化成為共同的願景，凝聚激發每個個人追求更高目標的熱情。就個人而言，擁有願景一樣重要，因為它是引領方向與完成任務的力量來源。

四、團隊學習

「對話」（dialogue）是凝聚團體的重要基礎，開誠布公一起思考，讓想法自由交流。過程中發問比解釋重要，在意見交流時覺察別人的智慧，形成個人與團隊的學習。

五、系統思考

系統思考的試煉在於從片段看到整體的能力，掌握結構層次的洞察力，核心是強調以系統的觀念取代局部和機械性思考，找出根本問題。

以上五項修練，從解讀者的觀點來看，也像是每次解讀歷程需要依循的內在準則。

身為解讀者，在第一階段要主動把「舊有的已知」封閉起來，用新的眼光，留意閱讀的內容或事物，這是超越自己的第一步。所謂的「超越」，請先不要直接認為就是「好壞比較」下的超越。若你會這樣想，剛好證明你需要超越認知框架，因為你原有的認知上，「超越」這個詞代表比原先的好。那這裡所指的「超越」如果不是高下之分，又是什麼意思呢？此處的「超越」，是指離開原有的舒適圈，超越原有的「心智模式」。心智模式深植於心中，影響我們如何理解這世界、採取何種反應、對事物做出價值判斷、評估與反思。通常瞬間決定的判斷或未經思索的選擇，就是心智模式在運作。例如購物的偏好、選擇餐廳的習慣、服裝打扮的類型取捨、思考或做事情的流程，也包括價值認同與意識型態。這些由小到大的選擇判斷中，隱約都有範圍或立場存在。若要挑戰、改變或超越它，都會使心中浮起為難或不安的感受，這就證明心智模式的存在。

「自我超越」和「改善心智模式」這兩個項目，都需要仰賴我們自主的覺察與行動，也就是放下原有的認知與習慣，超越原有的自己。接下來是以中立的態度廣泛掌握真實的情境，發現客觀的事實，避免立刻進行解釋的慣性。先接納一切的觀察與感受，重新認識原本熟悉的事物，覺察有別於原有認知的發現。藉由這過程，重新檢視自身的心智模式進行改善。

解讀者必須知道這世界時刻都在滾動變化，所有事物的意義與相互影響的關係，會因為客觀條件及個別觀點的改變而有變化，即便是一篇文本也是如此。因此，解讀者的心智模式需要是開放而保持動態的。舉個極端的例子，過去普遍認知一年的氣候會因為四季流轉而改變，而在全球暖化影響下，四季在時序上依然存在，但是在科學數據上呈現的數值和真實生活的體驗，已經與原先季節的認知有所不同，不能以過往的認知對應這真實情境。要保持這種動態性最根本的做法，是對一切保持好奇，不受自身已知影響。有豐富的知識不是問題，問題在於仗著擁有豐富知識，而認為自己無需再求新知的心態。

在調整心智模型時，會經歷建立內在共識、重新學習的過程。多數時候我們聽到「建立共識」，就會聯想到團體組織從分歧的立場凝聚共識的過程。前面介紹過人在精神層面存有不同的人格，我們的「本我」、「自我」、「超我」，也經常呈現意見不同的情況。最簡單的例子像是在演講或課程中，忽然被講師指名發表看法。我自己在學習階段，就經歷過被點名要起身說話，心中一個我接受，但是另一個聲音卻要我搖頭，把機會讓給其他人，認為自己的意見不夠完整。明明是我一個人，但是心中兩個想法沒有共識，結果造成自己當下的尷尬和事後的懊惱。

無論是榮格所說的個體化，或坎伯說的英雄之旅，在過程中最重要的環節就是在內心中與過往的自己、多樣的自己，透過內在對話，以相互理解來達成終極的和解；達成內在團隊的共同學習，為共同的目標建立新關係，就相當於達成內在的共識。如果以剛才被點名的例子來談，若我心裡達成共識，參加課程的目的就是要學習，這時的我就算提出的想法不完整，也可以接受講師的指引點評，更明白自己不足之處，所以應該接過麥克風，盡可能完整的把想法說出來。有這想法的同時，原本的心智模型就從保守被動轉變為開放積極，也就蛻變出新生的自己。

最後是關於「系統思考」。談到思考，多數人會想到邏輯。這想法沒錯，但解讀者無論是解讀外在事物或是內在自我，在層次上與一般讀者的差異不在邏輯本身而已，更進階的層次是在嚴謹的關係架構下進行邏輯性的思考，這嚴謹的關係架構就是系統。

相對單純的思考範疇，單就指來龍去脈、前因後果的關係，系統性的關係概念是包含上下四方、前後左右、時間與空間、宏觀與微觀、可見與未明卻相互影響的、全方位性的整體，能完整掌握構成問題的系統，也就是能以系統性的思維，辨析局部與整體的關係，對應問題的思考，這些都影響解讀者的最後成果。邏輯在其中是重要的原則，可應用於系統思考中。

當這系統性思考內化，融入心智模式，會對理解與解讀自身內在的困惑與外在的問題，以及如何解決帶來極大的幫助。

最後將這些說明，融入先前「英雄之旅／閱讀歷程」的圖之中，如下頁圖 2 所示，可以看見當由外而內的路徑一致，在「啟程」階段，以客觀擷取訊息形成廣泛理解，以達成自我超越，改善心智模型。到「啟蒙」階段，透過對觀察所得的客觀事實進行對外與內在的溝通，發展解釋並建立內在的共識。在「回歸」階段，從個別與局部的解釋中，以系統思考的關係條件，進行核心問題的統整與收斂，形成內在一致的共同願景，將心中不同的想

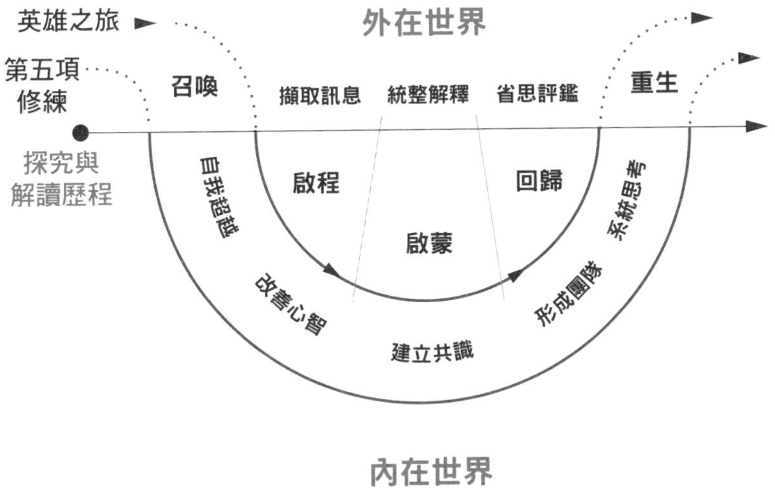

圖 2——

將第五項修練建構學習型組織的五個項目，融入英雄之旅與閱讀歷程的三個階段，說明內在精神層面的多重想法，可以將它視為內心尚未統合的小團體，以五項修練項目將其統合，成為完整的心智，完成共同承擔的任務。

法，融合成為有共同目標的精神團隊，提出解決方案，並且對結果與過程進行省思與評鑑。最終，得以解決問題、獲得重生，也完成個人與團體蛻變的英雄之旅。

最重要的不是我們讀過什麼或記得什麼，而是我們成為什麼

走筆至此，我好像又經歷了一場個人蛻變之旅。各位在閱讀的過程中是否也有相似的感受？面對問題或文本，以閱讀者的身分攝取知識與經驗，相較於以解讀者的態度，將閱讀、探究與思考做為蛻變生命的道途，是兩者在意義上最大分野。

回到本章開頭，我們談到影史上賣座前三名的電影，現在或許可以看出

其中的共通性。《獅子王》中辛巴經歷試煉，與兒時玩伴娜娜重返王國，擊退篡奪王位的刀疤叔叔，最後重返榮耀。電影《阿凡達》的男主角傑克，因為潘朵拉星球上納美族公主奈蒂莉引導，開啟一場自我覺醒之旅，蛻變為反抗英雄，最後在意識入駐的生化人（Avata）中，在潘朵拉星球重生。《復仇者聯盟》就像《星際大戰》，是善惡對決的另一個版本。

這些故事的主軸圍繞在一位或數位踏上冒險旅程的英雄，在決定性的危機中贏得勝利，得到昇華轉變或是得到戰利品，然後歸返原來的世界——人的心靈可以體驗到某種高層的精神存在。在這之中，我們被取代了，卻沒有被剝奪。**英雄有千百種面容，但英雄只有一個**，對讀者而言也是如此，**閱讀有千百種面貌，但解讀只有一種歷程**。

坎伯說：「所有神，所有天堂和地獄都在你心中！」是值得深思的話語，也是走過解讀歷程的啟蒙，端看我們選擇了什麼做為新生與回歸。

8

旅行、一個人與大海的聲音

真正的學習是看見自己的改變

為了一個問題開始閱讀
真實的數據會帶我們離開想像的世界
不只看見行為，更要理解動機
大家都有的目標就是共識
人會為了一個答案開始旅行
想要理解對方，就成為你想理解的對象
內在抽象的動機，決定外在可見的行為

上一章我借用坎伯的英雄之旅與榮格的個體化歷程，說明解讀者在閱讀內容與思考問題的過程中，內在需要具備的修練和接受蛻變成長的態度。雖然我在文字上盡可能的說明清楚，但讀來還是難免流於概念上的理解，甚至還是難以理解。如果有具體的例子做參考，應該更能體會。

二〇一二年，我參與的工作小組很認真的思考一個問題：人為什麼想要旅行？同時著手規劃跨國旅行商品——能吸引外國人到台灣的全新旅遊商品。因此，這項任務不是要滿足已有的旅行需求，而是要滿足未曾被滿足的旅行欲望。

在整個過程中，我從不熟悉旅行產業的生手，開始尋找消費者心中關鍵的渴望，到最後提出具體的方案，其中充滿大量的閱讀與思考，也是一次深刻的學習。

我想以這次工作經驗做為前一章核心概念的具體實例。

●為了一個問題開始閱讀

我很喜歡旅行。

結婚前我曾背著畫箱在歐洲不同的國度旅行畫畫，曾經有機會在北美的印地安部落營火前，參加不對外公開的傳統祭典，也曾在森林裡追尋雄鹿的足跡。他鄉異地的經歷體驗，衝撞原本如常的生活。某種因為距離形成的美感會讓人誤以為屬於自己的生活，似乎在遠方的他鄉。當時我的生活雖然不至於平庸無奇，但是遠方的異鄉生活體驗有絕對魅力，吸引我一再的離開原本生活的所在。

人為什麼要旅行？人為什麼想離開熟悉的世界，走入陌生國度，面對充滿不確定與風險的環境？異國的食物、人文與風景，為什麼能吸引人放下真實的生活，去擁抱那暫時的遠方？種種關於旅行的疑問像是召喚，讓我開啟一段走入內心的解讀之旅。

●真實的數據會帶我們離開想像的世界

一、啟程：離開熟悉的一切，超越自己，改善心智

——以客觀擷取的訊息，對原已認知的一切重新建立廣泛的理解。

二〇一二年根據觀光局統計，全國有一千零二十三萬九千七百六十人次出國，是有史以來第一次出國人次突破千萬。國人出國旅遊的比率是百分之二十點六，每人每年出國次數（含未滿十二歲國民）〇．四四次，平均停留夜數九．〇六夜，每人每次平均消費支出新台幣四萬八千七百四十元（一六四六美元），當年全台灣出國旅遊消費總支出，高達新台幣四千九百九十一億元（一六八．五四億美元）。二〇一二年之後，每年以增加超過百萬人次的增長人數，持續成長到二〇一九年的一千七百一十萬一千三百三十五人次。

二〇一二年來台灣的外國旅客人數有多少呢？觀光局公布的資料是七百三十一萬一千四百七十人次，較前一年成長百分之二〇．一一，在七百多萬人次中，純粹觀光人數高達四百六十七萬七千三百三十人次，首次破四百萬人次，也是當時史上最高紀錄。從出國和來訪旅客人數雙雙創史上新高來看，那是旅遊風氣大盛的年代。

這些數字讓當時參與討論的我和夥伴們很驚訝，因為我們每天生活在台灣，雖然認為台灣有很多特色值得認識，但是值得大老遠飛過來玩嗎？這樣的想法恰巧印證了，如果始終抱持固有的觀點，便很難在熟悉的事物中，看見未曾認知的事實。

為了真確了解這四百多萬外國旅客是哪些人？來自於哪些區域？來台灣都去哪裡？我們放下原有的認知和理所當然的想像，尋找客觀資料來建立新的認知。

出入境管理局和觀光局公布了根據區域、國家、性別、目的……等各類非常詳細的統計資料。

二〇一二年訪台旅客所屬區域與國籍，按人次排序如下：

區域

亞洲	六，四七三，六八四	人次
美洲	四〇二，三二七	人次
歐洲	一四八，五六九	人次

國籍

大陸	二，五八六，四二八	人次
港澳	一，〇一六，三五六	人次
日本	一，四三二，三一五	人次
韓國	二五九，〇八九	人次

我們看到這數據時，不約而同都注意到，日本人來台人次非常高，高過於歐美人數的總和。如果將大陸港澳視為同一區域不計入，日本是全世界來台人數最多的國家。這個發現後來成為這項旅遊專案計畫的開發關鍵。

為什麼日本人這麼喜歡來台灣？他們來台灣都去哪些地方？這項旅遊專案是追求獲利的商業計畫，按旅客數判斷，應該鎖定當時兩岸關係開始活絡，大量來台觀光的大陸客。但是大陸客來台灣的觀光旅遊形式是什麼？原有的觀光業者一定也會聚焦在這個市場，我們全新的旅遊規劃如何與長期經營市場的產業龍頭競爭？機會在哪裡？該接日本客或是大陸客？

為了回答這些我們一無所知的問題，小組又開始找資料進行分析。根據觀光局統計的資料來看，有許多數據遠超過我們的認知，不過答案也在閱讀的過程中逐步明朗。

若由來台目的分析，以觀光目的旅客在台消費力最高（平均每人每日二五六．八七美元），其次為業務目的旅客（平均每人每日二一七．四八美元），排第三的則是參加國際會議或展覽目的旅客（平均每人每日二一三・〇一美元）。

從主要市場分析，以日本旅客（平均每人每日三〇八・六五美元）及大陸旅客（平均每人每日二六五・六二美元）在台消費力最高；進一步由購物費觀察，則依序為大陸（平均每人每日一五七・三七美元）、日本（平均每人每日七一・三六美元）及香港、澳門（平均每人每日五四・二七美元）。

在這項統計裡，大陸旅客的消費力遠高於我們預估，但大陸旅客是否是值得投入經營的客群，還需要更多資訊來釐清。接下來的資料有助於進一步解讀客群的來台頻率。

根據當時資料，近三年來台次數以第一次來台比例最高，占百分之六八・五三，平均來台次數為一・五〇次；其中觀光目的旅客第一次來台比例為百分之八〇・二八。若單獨把大陸觀光目的旅客近三年首次來台比例抽出來看為百分之九七・九四。這表示自二〇〇八年開放兩岸觀光後，台灣成為大陸旅客新興觀光旅遊熱點。若以未來商業發展來看，後勢的確值得期待。但我們當時並沒有如大多數旅遊業者一樣投入資源，設定以陸客做為主要的客群。因為根據觀光局另一份各國旅客來台旅遊形式的統計資料，當時陸客來台灣多為團體觀光旅遊，所有的行程，從景點、交通、住宿、購物，都是團進團出的團體行動，而且是大陸在地旅行社全部包辦。

在這同時，我們也各自透過不同旅遊業者的管道得知，有大陸資金透過第三方的合作，進入台灣投資商務型旅館、交通車公司，甚至大型紀念品、名產販售店。這等於是陸客來台觀光的消費大部分還是給大陸的旅遊業者賺走。台灣的旅行社僅被動提供在地導遊服務的合作，很難從源頭參與陸客的觀光商機。

時空移到現在，為什麼陸客來台人次縮減後，許多台灣本地觀光業者陷入經營上的困境，其原因正是過去陸客來台觀光消費的錢，從旅費、交通、購物……等，大部分比例都進入大陸業者在台灣布下的天羅地網中，台灣在地業者能賺得的分潤有限。當時小組討論已經預測到悲觀的結果，最後也真的發生了。另外，有一份調查不同國籍來台遊客的客觀評價與糾紛的數據統計，說明遊客素質帶來的隱性風險。綜合各項條件分析後，我們更確立這項計畫要面對的客群不是大陸旅客、而是全世界來台灣觀光人數第二多的日本觀光客。

當時討論到這階段，我心中有些感慨。彼得・聖吉提出的兩項修練——超越自我和改善心智，缺乏這兩個條件，人很容易陷入原有經驗與知識所形成的心智模型，失去超越自我框架的機會。內在思維對外的影響，就像當時觀光業者的行為，面對新的旅客，只知複製過往的成功模式，卻忽略自身經驗外的變數，忽視顯而易見的客觀事實。最後，只能賣力的做原先會做的事，分得有限的利潤，逐步被更有資源者取代。

透過大量閱讀資料、廣泛理解的過程，小組逐步發現，旅遊業的競爭不在於掌握觀光資源，因為只要是開放的景點，每個人都能自由進出，所以各家行程的安排大同小異；因為行程幾乎一樣，又要保持競爭性，價格都壓低到毫無利潤空間，只好轉到團購名產紀念品的分潤上，導致流為「購物團」的變質服務。這不是我們的目標。

因此，我們從廣泛理解的結果中，歸納出觀光旅遊業要掌握兩個關鍵條件，一是源頭的攬客能力，二是行程為旅客創造的體驗。這兩個條件很重要，一是因為自己有攬客能力，才不會受制於其他代辦業者，而體驗是構成旅遊產品的靈魂。最直白的說，旅行觀光就是花錢買體驗。但光認知「攬客」和「體驗」的重要性，不足以成為旅遊商品，因為最重要的「行程」還沒出現。所以接下來的問題是：要提供怎樣的行程給來台灣旅行的日本觀光客？

對於「要提供怎樣的行程給來台灣旅行的日本觀光客」這提問，各位會如何思考？這次我的任務是設計新的旅遊行程給日本觀光客。你認為這個提問能不能幫助我找到答案？先記住你的想法。我們再來看一些訊息。

根據資料來看，二〇一二年超過百分之七十五的日本觀光客來台灣旅遊的行程是三天兩夜。星期五出發，星期天晚上回，或兩天一夜，星期六一早出發，星期天晚上回。活動區域集中在台北市與新北市兩地，其餘少數參加一週環島旅遊或自主安排。消費的項目從美食、按摩、拍個人寫真集、購物等等不一而足。

依這些類型來推想，日本觀光客只要請旅行社安排好機票和住宿，其他的活動都可以在網路上搜尋，或買本旅遊書按圖索驥。台灣業者除了商店或住宿外，幾乎沒有可以提供服務的商機。

我們再回到原先所設定的問題：「要提供怎樣的行程給來台灣旅行的日本觀光客？」這問題看來太過籠統。同時，日本旅客採取目前的旅遊模式，是因為台北與日本距離近，物價便宜、服務優質，民眾親切友善、治安良好。此外，台北與日本許多城市很像，又有過去日治時期留下的文化與景觀，具有親切感。日本觀光客對這些特質已經很熟悉，可以自己安排行程。我們的計畫到底還能提供什麼行程？

思索至此，整個小組分析的工作陷入困境而停頓。但我們當時還不知道，停頓卻是整個計畫翻轉與工作小組啟蒙的開始。直到我們的心智思維有了轉變，分析的工作才看見「出口」。

●不只看見行為，更要理解動機

二、啟蒙：具有洞見的解讀，能從中獲得啟蒙並建立共識

——在廣泛的訪談與閱讀中，答案逐漸清晰，解釋與啟蒙同時顯現。

工作停頓的幾天中，我雖然沒有積極尋找資料，但腦海裡一直在思考機

會的破口在哪裡？我們是不是遺漏了什麼重要的訊息？我反覆的思考著：人為什麼要旅行？接下來，一個關鍵的問題在心中浮現：「旅行」和「旅遊」是同一件事情嗎？如果不一樣，差別在哪裡？現在我們陷入困境，是不是因為根本就問錯問題、找錯資料？

從執行計畫一開始，我們設定的任務是提供新的觀光旅遊服務，大量使用公部門觀光局及相關單位的統計資料，這些內容都是以觀光為目的，連競業對象也是旅行社等經營觀光業務的公司，其中並沒有以「旅行」為核心服務的單位。

到底什麼是「旅行」？

我意識到這是重要的問題點。因為所有資料搜尋與討論的過程，小組沒有搞清楚過觀光旅遊與旅行的本質，以及從事這活動的人內在需要什麼。

如果以前面的資料來看，大部分日本遊客的觀光行為，從夜市、按摩到購物，簡單的說就是「吃、喝、玩、樂」。這也很符合大眾對「觀光旅遊」

的認知。但是以我個人的經驗來看，「旅行」的確和「觀光旅遊」不一樣。雖然旅行也有「吃、喝、玩、樂」，不過更重視一些深刻一點的東西，渴望獲得的是內心深層的觸動。我試著以自身體驗來比較兩者的差異：

旅遊是歡樂的，旅行是平常的
旅遊是計劃的，旅行是隨興的
旅遊是景點的，旅行是市井的
旅遊是結伴的，旅行是個人的
旅遊是休閒的，旅行是學習的
旅遊是感官的，旅行是感性的
旅遊是觀光的，旅行是觀察的
旅遊是接觸的，旅行是融入的
旅遊是短暫的，旅行是長期的

旅遊是輕鬆的，旅行是深刻的
旅遊是消費的，旅行是成長的
旅遊是身分的，旅行是生命的

整理出這些比較後，我對兩者的差異有了新的理解。當我把這份比較整理分享給小組成員，重新開啟了前面根本問題的討論：人為什麼要旅行？我當時的想法是（現在依然這麼認為），人想藉由離開原來的環境，去獲得他需要卻沒能在原本生活中擁有的滿足。當需要得到滿足，生命就會獲得能量。淺層一點屬於感官性的需要，例如「吃、喝、玩、樂」這四件事滿足了，心中會因而充滿能量，這時選擇「觀光旅遊」就很適合。

但若需要滿足更深的內在層面，需要獨自面對的時候，就可以選擇旅行，離開原本的生活。關於自由、成長、自我實現，療癒等內在深處的需要獲得滿足後，生命的能量自然就會充滿心裡。所以我認為，人會去觀光旅遊或是旅行，最原始的動機，是想在生活中找到一個出口，讓內心感到滿足，為生命注入能量。

小組夥伴對此觀點紛紛表現認同，我走到白板前寫下一個英文字「EXIT」，這個字做為名詞是「出口」，做為動詞則代表「走」的意思。如果把「EXIT」的字母獨立出來，各自對應一個英文單字，加總起來又能說明「旅行」的內涵，我會選這四個英文單字：

E——探索（**Explore**）

X——自在（**Relax**）

I——啟發（**Inspire**）

T——蛻變（**Transformation**）

如果將這幾個字統整起來，可以發展成說明旅行意義的陳述：旅行是

「在自在探索的過程中，啟發生命的蛻變」。「EXIT」代表：生命的出口，通往美好的出口。

這個說明讓原先膠著在個別想法的小組，啟發了建立共識的基礎。我們不是要滿足現有的觀光需求，因為原本經營這個領域許久的業者，掌握大量的資源與攬客管道。而且自主性高的日本觀光客，很容易藉由開放的網路訊息打造個人化行程。因此，缺乏特色的行程將難以吸引消費者。

藉由這個思考脈絡繼續討論，小組有個重要的覺察，意識到原本思考的問題「要提供怎樣的行程給來台灣旅行的日本觀光客」，在邏輯思維上是模糊的。這句話的主體是「來台灣旅行的日本觀光客」，而我們最大的謬誤是，我們蒐集到的日本觀光客喜好與行為資料，是以已經來台灣觀光的日本人來做數據整理。所以，這份資料只能代表喜歡台灣這類型旅遊的日本人，不代表所有日本遊客都是如此。

若我們只靠這些資料進行解讀，便只能朝這類型的旅遊項目思考，難有創新的機會而不自知，並且可能歸結出理所當然的結論：「你看，這就是日本人來台旅遊的真實數據」，名副其實的倒果為因。別小看這情況，許多無法創新的原因，就是因為缺乏解讀資訊能力所造成。

我們現在要找的，是未曾想過要來台灣的日本人，或來過台灣卻不知道台灣有可以滿足他更深層需要的日本人。因此，已蒐集的資料對工作幫助有限，真正有幫助的資料還沒被看見，而等待滿足的需要還沒被發現。

所以，我們探究的問題必須改成：「除了吃、喝、玩、樂外，台灣有什麼能滿足日本觀光客內在更深層的需要？EXIT所代表的內涵——生命的出口，是他們需要的嗎？」

改變問題設定的探討，正是小組在心智思維上又一次的修正，從根本條件來看，等同是一次思考上的啟蒙。最後在大家都認同之下，「在自在探索的過程中，啟發生命的蛻變」成為小組推展這計畫的共識，「EXIT」成為計畫的名稱。

●大家都有的目標就是共識

三、回歸：共識凝聚個別的意識，成為團隊，回歸到系統性的思考

——系統思考是統整解釋和省思評鑑的關鍵核心。

「EXIT」計畫對「人為什麼要旅行？」這問題的假設是，人需要離開原本的環境，在異地為生命注入能量。針對這假設，小組提出以下的問題進行有系統的探討：

◆在日本，為生命注入能量的旅行存在嗎？

◆多數時候所見日本旅客多是團體旅行，或是朋友、情侶結伴而行，一個人旅行在日本普遍嗎？一個人到海外旅行的日本人多嗎？

◆是不是因為台灣過去不曾有過這類主題的宣傳，以致於這類旅客選擇了其

他地區，極少選擇來台灣？

◆如果沒有這樣的服務，就無法吸引有這樣需要的客群。台灣有哪些地點符合日本人對「能量景點」的想法？

◆什麼原因使人需要獲得生命的能量？

◆男性還是女性需要「逃離」？這樣的旅行會結伴同行嗎？

◆哪一些人會需要這樣的旅行？

列出這些問題後，小組開始規劃廣泛的資料蒐集，但是這次和之前單就參考官方資料不同。我們使用「田野調查」的觀念，邀約兩位日本朋友，一位長住台灣，另一位則住在日本。小組在網路上篩選後，加入共二十四個在日本具有指標性的背包客社群與旅行部落格。從網友的分享與留言中，觀察蒐集真實的旅遊動機和行程資訊。經過一個月的深入互動、蒐集和詢問，有了讓人驚喜的發現。日本人旅行的多樣性超乎我們原有的認知，而且在旅行動機的分享中，「逃離」這個詞出現的比例非常高。

◆在日本，為生命注入能量的旅行存在嗎？

答案是肯定的，而且在日本有一種到能量景點（power spot）的旅行叫「能量之旅」。什麼是能量景點？

日本友人跟我們解釋，那是肉眼無法看見，卻充滿能量的地方。例如在自然環境中的靈山、山中的巨樹神木，壯麗的瀑布或某些海岸等等自然景點，若是人為環境的能量景點，就以神社和寺廟為主。此外，日本人喜歡泡溫泉，因此，有名的溫泉也是能量之旅的景點之一。日本人認為這些自然景點充滿大地的能量，帶給人們積極向上的動力。而吸收神社或寺廟的能量可以讓生命變得更好。

這個發現讓小組大為振奮，因為原先的假設有了具體的證據，肯定了新方向非常值得繼續發展。

◆多數時候所見日本旅客多是團體旅行，或是朋友、情侶結伴而行。一個人旅行在日本普遍嗎？一個人到海外旅行的日本人多嗎？

這兩個問題的答案也是肯定的。日本遊客團體旅行的比例的確比較高，不過，這件事有個在認知上有趣的學習。我們大多數都是在知名觀光景點看見日本觀光團出入，其他地方很少，所以誤以為日本人都是團體觀光。實際上單獨來台灣旅行的日本人不在少數。

這一點我們在背包客社群的交流中，的確看到不少背包客一個人多次來台灣旅行。其中一位男性背包客每三個月就會來台灣旅行三天甚至只有兩天。問起理由，三十二歲、身為大公司社員的他回答：「喜歡台灣人的親切和在台灣不受社會無形約束的自由感。」抱有這樣想法的人，在背包客社群中為數不少。我想，這動機大概算是潛意識的「逃離」吧。

獨自到海外旅行的日本人很多。根據當時讀到的資料，歐美及東南亞國家背包客社群對各國到訪背包客人數的統計資料中顯示，日本背包客都是第一或第二名。

◆ **是不是因為台灣過去不曾有過這類主題的宣傳，以致於這類旅客選擇了其他地區，極少選擇來台灣？**

確實是如此。從統計數字和實際在背包客社群中的觀察，日本背包客第一首選是北美地區，其次歐洲、接下來是東南亞、印度……等國家。台灣因為沒有統計數字，所以無法得知，但是在社群中不時可以看到關於台灣旅行的分享，推估應該也有相當的人數。

由台灣官方及日本各家旅行社的旅遊宣傳來看，的確沒有與「獲得能量」有關的旅行介紹。這現象可以理解，因為大多數商業的思維，是發揚已經被大多數人認可或喜愛的元素，創造最大的價值，所以集中宣傳台灣最受大家喜愛的「吃、喝、玩、樂」項目。但就市場來看，這已經是紅海型的市場，難有創新並帶動相關產業加入的機會。所以，我們這次任務是尋找消費者有需要、但還沒被滿足的項目，思考在台灣還能提供什麼主題的旅行，創造旅遊的新行程。

◆ 如果沒有這樣的服務，就無法吸引有這樣需要的客群。台灣有哪些地點符合日本人對「能量景點」的想法？

台灣有能量景點嗎？

為了得到答案，我們在不同的背包客社群中舉行問卷調查。只要寫下哪些地點是他認為的台灣能量景點，前一百五十名答題者可以得到一盒烏龍茶包和五百元兌換券一張，兌換券可至十家小吃名店消費。問卷回收情況不錯，最後超過五百份。還好當時限定前一百五十名，不然小組就破產了。雖然花了一些錢，但是蒐集到很有價值的情報。

將回收的問卷綜合整理後，在日本背包客心目中，認同度最高的台灣能量景點是花蓮及花東海岸。

在大多數回收問卷中，前三名的景點或景觀都與花蓮有關，例如，七星潭海岸、十一號省道、太魯閣、砂卡礑步道、慶修院，還有些景點是我當時不知的，如三棧溪、黃金瀑布……等等。

如果是景觀的描寫，都會談到藍色的天空、大海，和常常有白雲相伴的山脈，給人視野開闊的感動。

小組看到這些答案後，也認同花束的確是會給人帶來能量的能量景點。這結果也為小組夥伴們注入強大的正向能量，計畫的命運也開始改變了。

◆什麼原因使人需要獲得生命的能量？

針對社群中諸多觀察的解讀，最核心的原因就是遇到「困境」。困境的成因很多，雖然因人而異，但大抵上包括工作、情感、學業、人際關係、自我懷疑、自信、缺乏成就感等，讓人想暫時「逃離」原有的生活，消極的表現是「逃避」，積極的方式則是想要藉由在異地生活，尋找改變生命的契機，為生命注入能量，擁有新的開始。

這情況十分接近原先的假設，也讓小組夥伴們更清楚行程規劃要滿足的深層需要是什麼。

◆男性還是女性需要「逃離」？這樣的旅行會結伴同行嗎？

答案是女性。但為什麼男性不需要？答案跟社會文化有關。當時合作的日本朋友進行一番資料查詢和網路訪談後，告訴我答案跟他自己的經驗很接近。日本人很壓抑又重視外在形象，很少跟別人分享心裡的話。日本男人更是如此，因為很容易被看做個性軟弱，所以不太會表現出來。另一個原因很有趣，日本男人如果心情不好，就會一個人或找朋友喝酒，藉由喝酒釋放情緒，鬧一鬧、瘋一瘋，雖然不能解決根本的問題，但是放縱過後，第二天又可以到公司上班。我聽到這答案笑了出來。幾次到日本出差的經驗，下班後和日本工作夥伴去居酒屋吃飯時，偶爾會看到幾個滿臉通紅的上班族高聲說話，表情有些激動。我好奇問日本朋友他們在談論什麼？日本朋友見怪不怪，解釋他們在談公司同事的八卦，以及抱怨主管與工作等等。

「看樣子，大部分男人真的不需要能量之旅。」我如此回答日本朋友，我們兩個人都笑了。

◆哪一些人會需要這樣的旅行？

計畫開展至此，小組整理出許多資訊，包括這篇文章沒提到的更多細節與發現。我們統整出會有興趣來台灣參加這類型旅行的消費者形象（persona）：

這群人已經離開學校進入社會，在生活和工作上表現稱職，甚至備受肯定。但是稱職的表現，是迎合職場價值和社會眼光的結果。生活看起來平順，但內心深處有種「不甘心、不是這樣」的感受。

因為配合都會生活節奏，忘記怎麼放慢、放鬆自己。他們心中還有想做的事，有嚮往的生活，卻因為不能坦率做自己而感到困擾。會思索著心中的失落感從何而來？過去的努力，不是為了工作，而是為了別人的眼光，為了證明自己做得到，而隱藏了真實的自我和欲望。隨著外界對自己外在形象的認同，心裡卻對自己和生命有愈來愈多的疑問。

想要放過自己，想在生活中找到出口，想要一段時間和空間，釋放真實、不需隱藏的自己。想當一個開心自在的人，就算是幾天也好。想找到能真誠認同的生活，相信生命經驗的啟發，能看到自己的價值。

這群人不想老是抱怨生活、抱怨工作、抱怨老闆，不想總是在城市中想像離開的自由，想要「暫停」，想要開始為自己做些事，想找回生命主導權，為人生的下半場找到熱情的動力。

這些人或許曾經一個人旅行，或許沒有，或許去過許多地方，也可能沒出過國。這次選擇參加「EXIT／一個人旅行」，目的不是為了旅行，而是為了擁有「一個人」的機會，和自己在一起。

雖然我們建立了消費者形象，為了更直接、確實的了解這群潛在女性旅客的需要，並驗證小組規劃的旅行是否能打動消費者。我請日籍夥伴在背包客社群中，邀約十位年齡在二十五歲到四十五歲之間、居住於東京的女性，因為我要帶著「EXIT／一個人的旅行」計畫，飛往東京三天兩夜，直接進行面對面的訪談。

出發前，我們為「EXIT」的內涵說明補上日文。

E——探索／探る（**Explore**）

X——自在／リラックス（**Relax**）

I——啟發／呼び起こす（**Inspire**）

T——蛻變／生まれ変わる（**Transformation**）

EXIT／人生の出口、美しい出口へ

在這階段，小組夥伴透過有系統的蒐集資訊，反覆討論與比對，分析統

整不同型態旅行者的行為，解釋背後的動機，最後釐清最有機會成為潛在消費者的客戶形象設定。在這過程，真實感受到大家從對問題及產業的陌生，到發現充滿機會卻少有人涉入的旅行主題。同時，也看到有共識的團隊，在執行工作中的明確性，及解讀問題、發展方案上的正面影響。

對於個人而言也同理可證，如上一篇中談到，每個人頭腦裡就像是動畫電影《腦筋急轉彎》的情節，有個小團隊在其中。確立清晰一致的目標，就不會因為各自為政、難以協調，讓自身陷入辨析的困境，無法正確解讀。

對專案計畫與工作小組來說，我體驗到我們正在回歸與重生的路途上。

● 人會為了一個答案開始旅行

透過日本夥伴的費心安排，我們在東京一間美觀舒適又有設計感的義式餐廳，進行兩場晚餐會談。受邀訪談的對象都依約出席，在美食與一點紅酒的幫助下，當天的氣氛很好，受訪者很樂於分享關於旅行、生活與面對困境的生命經驗。由於夥伴也是位近三十歲的女性，適切的引導，同理受訪者的心情和自身經驗的回饋，就像是談話性節目的現場。

隨著氣氛逐漸熱絡，我們逐步從動機、地點、活動、食物、擔心、想望到對行程最後預期的收穫，蒐集到很多網路或官方資料看不到卻清楚直接的內容。例如談到旅行最大的目的，在座幾位受訪者共同的想法，是不喜歡把網路、雜誌、電視上看到的東西當作自己的經驗。一致認為旅行不是一種知識，而是要自己體驗才是真理。

對於這樣的旅行，是否會結伴同行，答案則非常直接：大家都認為，結伴同行的旅行，會想到要照顧對方、配合夥伴，這種互動關係就跟在日本一樣，失去旅行的意義。既然要面對內心的自己，當然要一個人，否則留在東京就好了。但若有機會在當地和其他背包客或在地的朋友一起走一段，也是難得的體驗。

在訪談中有一個問題對這項計畫至關重要，就是他們對自我探索（self discovery）的想法。大家的回答既真實又超乎我的想像。其中一人的答案獲得高度的認同。她認為，這種事情如果計劃著去做反而會陷入思考的無限迴圈中，沒有任何預設，在旅行的過程中，自然會發現很多自己欠缺的東西。她曾在旅途中的酒吧裡認識新朋友，甚至曾經鼓起勇氣搭便車，這些在日本絕對不可能做的事情，時常讓人發現自己新的一面。不期然的在某個瞬間的發現，比起在被限定的行動中逼使你去發現來得更加深刻。

聽完所有人對這種型態旅行的各式想法，我最後問了一個問題，事實上這問題困擾我和小組成員好一陣子。我問：「綜合各位今天分享的內容，和我對各位說明的構想，各位會為這趟旅行取什麼名字？是日本人一看就懂的名字。」這問題著實讓大家不斷的反覆思考與討論。最後，一位較年輕的受訪者冒出了一句話：「ひとり！」其他受訪者紛紛露出恍然大悟的笑容，

「So、So」聲此起彼落。

我立刻問日籍夥伴是什麼意思，因為她拍手稱是。但是這一問好像為難她了，因為中文似乎沒有可以直接對應的詞。她想了一陣子，突然像是想到了什麼，興奮的說：「一個人放空！就叫『一個人放空的旅行』。」

我問她：「在台灣，放空的意思是呆呆的什麼都不想，在日本，意思也一樣嗎？」

她說：「很相似，而她們認為這個旅行，就是讓人有機會從原本的生活中逃出來，給生命一段放空的時間，安靜、沉澱，一個人與自己相處。」

我自己也小聲的唸一次「ひとり！」是啊！逃離原本的生活，給生命一段放空的時間……其實，把一切複雜的、表象的、偽裝的、自以為是的雜念都拿掉，答案就是這麼直白、真實。

這時在座的受訪者不約而同看著我，露出滿意的笑容，彷彿在這一刻，我們都重生了一般。真的！我個人和這計畫的原始構想，在今晚的訪談中，被賦予靈魂、得到重生了。

第二天晚上的訪談一樣順利，並確認了更多有關住宿的細節，當我公布這旅行的名稱時，大家既覺得有趣、質樸、誠實，又心有戚戚焉，覺得會是自己和身邊一些朋友甚至是更多人都需要的旅行。

第三天我搭機回台北，隔天為組員做完簡報，開始修改計畫，並且在日本臉書註冊一個社群，名為「ひとり旅——台湾・花蓮」（一個人的旅行——台灣・花蓮）。透過在東京訪談，以及在社群認識的，來過台灣、喜歡台灣的背包客朋友，將這臉書社群的連結分享給朋友，進行為期三個月的網路社群行銷。我們也開始安排行程的細節。

行程在設計上要將對旅行者的干擾降至最少。沒有導遊，沒有看得見的服務人員，但是有一個團隊，由三位精通日語的女性組成，其中有兩位是在台日本人，分三班二十四小時提供電話諮詢。住宿的地點，我們在花蓮海岸公路鹽寮段，找到臨海一家非常有特色，充滿普普設計風格與手作家具的民宿。每個房間都沒有電視，窗外就是太平洋，走路一分鐘以內，雙腳就可以踏在花蓮特有的卵石海灘上，聽海浪淘洗海岸卵石的聲音。若有交通需要，只要撥打電話就會派車載送到花蓮市，與近郊一個半小時車程以內的任何地方。行程中，除非旅行者想說話，否則司機除了禮貌的問候與安全性的提醒外，不會主動開口說話。確保旅行者一個人不受打擾。

想要理解對方，就成為你想理解的對象

在花蓮聯繫安排行程的同時，我也實際到每個地點，去同理一個人旅行的心境，寫下旅行途中的感受，請日本夥伴翻譯成日文配上照片，在臉書社群上分享。嘗試透過這些文字發出召喚與邀請，沒想到獲得超乎預期的迴響。下面分享其中幾篇：

家

有點遠又不會遙遠，
離開家鄉，卻更貼近心裡的家，
行走在陌生的國度，卻感受到熟悉的人情，
既陌生又熟悉的感覺，就像對自己的了解。

或許，了解自己，從台灣開始……

一個人的旅行到花蓮，發現新故事，發現新自己。

禮物

一個人旅行中遊歷異鄉的街道、陌生的語言、意外的交流，
甚至一場小小的冒險，都可能發現未曾見過的自己或不可思議的勇氣。
一個人旅行是如此，一個人的人生也是如此吧。

把旅行中收到的禮物帶回人生吧。
能夠感動自己的，一定能啟發別人。
這是一個分享一個人旅行中，感動與成長故事的家。
一個人的旅行到花蓮，發現新故事，發現新自己。

我

清晨在花蓮的太平洋海岸邊，空氣有一種在城市裡不曾有的透明感，南國的風夾著海洋的味道，完全不同於位在北方的日本。

剛剛才日出的太陽漂浮在海平面上，照映出閃爍著金光的大道，從海平線延伸到我眼前。眼睛還不習慣眼前這麼遠的空間中，沒有遮蔽的建築。

這片刻，世界似乎只有我、無邊的大海和剛剛升起的太陽。

這是我每天醒來時的太陽嗎？我看著這一幕出神。

同一個時間的清晨，因為換了一個地方，拿走了我熟悉的場景，
世界卻在這異鄉的角落對我展現了它原有真實的面貌……
心中閃過許多對眼前這一幕的形容詞，
卻無法找到辭彙來形容我的感受。

我似乎感覺到真實的「我」！在一個人旅行中遇見自己。

一個人的旅行到花蓮，發現新故事，發現新自己。

力量

晨光中站著太極拳師父，海風吹動他身上寬鬆的功夫裝，
從飄動的衣服貼在身體的瞬間，隱約看出他身形渾厚和緊實的肌肉
線條。
當他開始帶領我們放慢呼吸，專注於丹田的吐納，
我緩慢呼吸的節奏，
和身後太平洋的海浪起落合為一起的起伏節奏。
推出去的右掌，是從腳底站穩步伐，移動重心，
呼出氣息，引出力量，
如此簡單卻力量強大。

在呼與吸之中能夠感覺到一股韻律，
內外和諧成為我身體運作的法則。

靜靜眺望前方的海浪，慢慢的移動自己的腳步，
感受一股內外和諧的平靜能量。這是我的身體嗎？
經常為了趕電車急走快跑，三餐不正常，在生活中努力擠出許多力
量的我，
第一次感覺到自己是這麼有力量。

一個人的旅行到花蓮，發現新故事，發現新自己。

漂流木

花蓮海岸邊，隨意散落在海岸邊的漂流木，
在乾枯的軀幹裡，每根木材都有一則自己的身世故事。
在漂流木工作室裡，主人拿起一根一根的漂流木，
他說：「這是真正台灣柚木，你聞看看它的味道，
比日本的柚木還濃郁。
這是楠木，層層密實的木紋，是最高級家具的材料。
這是紅豆杉，台灣的國寶木材，
有一個時期在台灣深山中幾乎被砍光。」

曾經在山林間的大樹，現在他們漂流到鹽寮海邊的「海角工作室」，
在匠人的巧手慧心下，刨去外表，重新發現漂流木裡的美材，
以新的面貌展開新生命。
拍下工作室裡漂流木的照片時，心裡小小聲的對自己說了「加油」。
在花蓮總是能看到重新出發的力量。
一個人的旅行到花蓮，發現新故事，發現新自己。

移民

花蓮曾經是日本官方移民計畫中選定的移民地，
因此日本人在此地建立了好幾個移民村落。
走在舊時日本人居住的區域，看著當時移民者建造的房子，
走過他們走過的巷道。
我不禁去想，當時決定要放下一切，
從日本到台灣．花蓮開始新生活的移民，
是在怎樣的心情下做決定？
需要多大的勇氣？他們擁有怎樣的夢想？
今天的早晨，像是慢慢的遊走在遙遠的時光中。

在沒有方向的散步過程中，我想通了一件事。

在生命裡，每個人都是「移民」！

生活中新的工作、新的男人、新的朋友、新的房子……

都代表每個人在往夢想會發生的地方前進。

如果累了，失敗了，夢想會再次給我勇氣和力量……

向前走……不要放棄……向前走……

一個人的旅行到花蓮，發現新故事，發現新自己。

笑顏

花蓮是個美麗的地方，藍色無邊的天空和大海，填滿我的視線。
轉過身，綠色的山脈和永遠環在半山腰的白雲，
整個行程都陪伴在我身邊。
但是，讓我印象最深刻的，卻是部落裡孩子的笑容和發亮的眼睛。
他們的生活環境簡單，說不上富裕，
卻有我沒有的笑容和閃著光芒的眼睛。
或許，我小時候也有，但是我已經忘記了……

今天，孩子試著跟我說話，我一句都聽不懂，不過我卻跟著他們大笑。

一個人的旅行到花蓮，發現新故事，發現新自己。

臉書上這些短文的留言回饋，超乎原先預期的熱烈與真實，讓團隊們知道，我們挖掘到了存在於許多人心中的渴望。以下是當時幾則挑選出來的留言，做為進一步討論的資料：

「吃美味的食物，呼吸當地的空氣，整天盯著大海和天空的雲彩。我沒有手機，也沒有同伴。當下決定目的地，隨時隨地與遇到的人交談。時間過得很慢，是奢華的旅行。」

「如果不知道自己想做什麼，那就去旅行吧。要積極思考自己和未來，必須暫離周圍的世界。是時候出去旅行了。」

「旅程給了我新鮮感、自由感和真實感。當我踏上旅程時，始終是真實的我。」

「旅行是一種美妙的方式，優雅的讓自己尷尬，超越日常生活，體驗通常不會體驗的事物。」

「人類天生就是一個人。但是被很多人包圍時，我沒有意識到這一點。

一個人旅行，讓我想起了這份『孤獨』。在可以一個人發呆的房間裡，可以縱情欣賞自然風光，可以一個人吃飯，可以咬一口孤獨……」

讀著這些留言，我似乎更明白除了來自我內心深處的共鳴之外，也讓我看見在不同文化國度下，人的心靈深處有共通的感受與想望，是關於一個人和旅程，集體性的潛在意識。而榮格或坎伯的研究，提供我了解的途徑，也是這專案在服務設計與行銷規劃的依據。

● 內在抽象的動機，決定外在可見的行為

這計畫在啟動調研後三個月，試驗性的在日本透過臉書社群開放十個名額，於一週內完成報名。報名截止時，有六個人完成報名，身分都符合原先所設定的年齡與社經背景。但是最後能成行來到花蓮的只有三位。

這三位旅行者在花蓮五天四夜的行程，各自獨立行動，分別走訪了太魯閣、砂卡礑步道、三棧溪、松園別館、慶修院、吉安鄉的日本宿舍群、參加每天清早在海邊的瑜伽或太極吐納。有人每天都要騎腳踏車走海岸公路，有兩位去黃昏市場買菜回民宿自己做飯。

除了這些活動之外，這三位旅人每天花最多時間是哪件事呢？或許聰明的讀者可以猜到，他們三位每天花最多的時間，就是在海邊散步或坐下，看著廣大的太平洋，聽海浪的聲音。

為什麼我們對她們的行蹤如此清楚？因為這是旅行計畫的第一次試驗，在她們不知情的情況下，我們安排一、兩位工作夥伴在一定的距離外做紀錄，觀察旅行者的行為反應，同時評估行程的安全性。我們甚至在黃昏市場中，安排會說日文的女大學生，在她們買菜時「巧遇」，解決溝通上的小麻煩。不過，當她們獨處，尤其是在海邊時，我們只會在遠處守候著，像天使般守護著可能正在蛻變的生命。

前面談到的東京行，回來後隔幾天，日本夥伴寄來一段她在日本讀到談旅行的文字，直到今天我還留著。那段文字是這樣寫的：

人們生活在社會中。我們通過與人的關係建立自己的身分。但是一個人旅行沒有這個。是時候擺脫職位和頭銜，回到你自己了。一個人旅行讓我覺得我就是我。

對於忙碌的現代人來說，獨自旅行可能並不那麼容易。如果有機會，為什麼不一個人待在陌生的土地上，甚至每隔幾年一次呢？即使只是幾天，可以通過回到「只有你自己」來看到一些東西。這大概就是很多人熱衷於獨自旅行的原因吧。

她在信中說，看到這段話第一個反應就是想快點翻譯完寄給我，因為我解讀出許多像她一樣生活在都市中的人，心中共同的渴望，並且為這群人打開了一個出口。

其實她不知道，這也是喜愛旅行的我所需要的出口。

分享這段工作經驗，是想讓讀者朋友進一步了解上一章所提到的，融合榮格與坎伯的觀念，在閱讀中發現問題、解決問題的解讀與成長歷程。我帶著原有對觀光旅行的粗淺了解，從隔離原有的認知開始，在龐雜的資料中逐步解讀出問題和自身思考中反映出來心智思維的盲點。進而修正思考模式，同時也在新想法的引導下，建立有別於其他業者的觀點，得到認知上的啟蒙，為小組帶來凝聚共識的核心概念，開啟重新理解旅行者內在需要的系統思考，最後為計畫帶來重生一般的結果。

「一個人放空的旅行」在當時雖然獲得參與者很好的評價，在日本社群中也受到關注，甚至被幾個背包客社群選為十大值得參加的旅行之一。但最後還是沒有正式推出。

對我來說，上市與否本來就不是我能決定的事情，不過回看這過程，就像是一場旅行，在陌生的國度中，我超越了自己，在問題與探究中擁有啟蒙與學習。整個企劃過程，是我一個人的解讀之旅，許多突破與新發現的片刻，像為生命注入能量一般令人振奮，最後更成為一場內在蛻變的英雄之旅，讓我重生。

9

神、天堂、地獄與解讀者

解讀是為了創造更好的自己與世界

閱讀至此，您會如何解讀《解讀者》這本書？

以擷取訊息完成各自獨立、互有關連的基礎

以歸納與演繹思考，建立深層的解釋與理解

統整個別的解釋，建立完整的結構與具有上下關連的核心概念

知識與經驗是解讀的根基，但需要動態式的檢視與監控

全知是知曉外在，也明瞭自身

閱讀與解讀的終極目的是為了創造

解讀自身與萬物的意義，創造個人與世界的未來

解讀包含了發現和創造，只有開始，沒有終點，人類因此不凡……

●閱讀至此，您會如何解讀《解讀者》這本書？

對所有從頭閱讀到這個篇章的朋友，我要感謝您的耐心和毅力，因為到目前為止，您已經讀完將近七萬字的內容。從手中書本剩下的厚度，您應該知道這本書快結束了。

如果是一趟旅行，行程也即將結束。我自己旅行到這個階段，就會開始回想旅程中的所見所聞，對哪些事印象深刻，有什麼體驗，甚至是對旅程本身的想法。

既然閱讀到這裡，像是旅程的尾聲，我想問一個問題：這本書的書名叫《解讀者》，讀到此刻接近結束，您會如何解讀這本書？

如果您有想法，願意的話可以將它寫下來或記在頭腦裡，因為讀完這篇後您可能會需要它。

現在，不論是剛寫完想法回到書上，或是視線沒有離開這一頁，接下來，我們一起來解讀這本書，同時像旅行一樣，回顧旅程中重要的片刻或是錯過的風景。

以擷取訊息完成各自獨立、互有關連的基礎

閱讀這本書的過程，是否發現每一篇章中特別之處？或是發現有某種規則存在於文章裡？我想每個人會有不同的答案，但是大家最容易有共識的答案或許是——書中每一篇章都有人物出現。從第一章的諸葛亮和燭之武，後續每一章都有人物。整理如下：

諸葛亮——三國時期蜀國人

燭之武——春秋時期鄭國人
布希曼人——非洲原始部落
釣魚達人L——台灣釣魚達人
B的工業設計素描老師——加拿大教授
佐藤可士和與手塚夫婦——日本當代設計師
我的工作夥伴C——台灣知名企業主管
芭芭拉．明托——美國麥肯錫顧問公司顧問
提姆．布朗——美國IDEO公司執行長
亨利．福特——福特汽車創辦人
賈伯斯——蘋果電腦創辦人
喬瑟夫．坎伯——神話學學者
佛洛伊德——精神分析學創始人
榮格——分析心理學創始人

每一位作者在文本中使用的文字、置入的資訊、安排的篇章段落，和陳述的脈絡，都有其目的。前面這些重要人物為什麼會被放到書中，一定有我的目的。你認為是什麼？可以用什麼方式來解讀我的想法？書中哪些篇章提供了思考的方式或工具？這些人物各有不同的身分與專業，想要理解他們被選擇的目的，應該看他們之間的差異，還是共同之處？如果有興趣，可以在紙上或頭腦裡，嘗試分析這些人物，找到他們的共通之處。

這時候，第四章談到「MECE」時應用的「歸納思考」會有幫助。可是要以什麼條件進行歸納？性別有意義嗎？專業所屬的領域有意義嗎？身分有意義嗎？或是他們存在篇章裡的功能有意義？

如果想要自己找出答案，很好，請先不要看下面的內容。若您想知道我的想法，歡迎繼續聽我說。

對我而言，這些人物不管各自的條件、貢獻的多寡，他們都是高明的解讀者。應用精熟的解讀能力，創造出個人與群體的價值，或是以超越性的洞見，為世界翻開時代的新頁。我們來檢視他們的作為：

諸葛亮——讓自己化險為夷
燭之武——化解國家大難
布希曼人——為族人採集食物
釣魚達人L——捕獲河中巨物
B的工業設計素描老師——啟發學生洞悉自然萬物的奧祕
佐藤可士和與手塚夫婦——為幼兒教育設計學習空間的典範
我的工作夥伴C——解讀思維的反射鏡
芭芭拉．明托——建構所有人都能應用的思考框架
提姆．布朗——提出以設計做為解決問題的觀念與具體步驟
亨利．福特——讓汽車成為普及商品，改變人類移動方式
賈伯斯——創造數位工具，改變人類的生活型態

喬瑟夫．坎伯——提出英雄之旅，做為每個人生命歷程的象徵

佛洛伊德——以潛意識概念基礎，建立人格結構，以科學理性的方法進行分析

榮格——提出人類集體潛意識與個體化歷程

如果您也有相同看法，我們可以根據這些人物的順序安排，再做一次歸納。這次歸納需要用到較上位的概念進行區分，但這概念不存在於顯而易見的表層資訊上，而是在頭腦中形成的結果。這種需要往上提取核心概念的思考過程，很適合用前面提到的金字塔原理，將這有層次的思考具象化，幫助自己和他人進行解讀分析。金字塔原理的基礎是「MECE」原則「彼此獨立、互無遺漏」，如果把上面人物的排序，視為背後有個「彼此獨立、互無遺漏」的脈絡，您找出可以做為區分與歸納的上位條件了嗎？如果完成歸納，您能否解讀出這本書的寫作目的？

以歸納與演繹思考，建立深層的解釋與理解

針對本書所選的人物，若單獨比較個人的條件，可能難以發現共通性。但是，如果將他們與所屬的篇章內容一起思考，則較容易看出背後的脈絡。多數人在閱讀或解讀事物時，觀看與思考的焦點不自覺會集中在單一的對象上，這種「聚焦」固然有其道理也很重要，但是很多道理不存在對象之上，而在對象與其他事物的關係，追尋的答案不在個體，而是存在系統中。

思考層面上，構成系統最基本的條件是人、事、時、地、物。梳理清楚相互的關係，我們才有機會接近問題本身。

語言也是同樣的道理，一句話的真正意思，可能不是那看得見的表層訊息，而是要參酌那句話所在的語境和前後脈絡。未能確認關係，將難以建構合理的解讀。

根據上面提醒的觀點，我們從各個人物所出現的篇章內容來判斷，這些

人物可以區分為三類。

第一類——說明解讀者的行為

諸葛亮

燭之武

布希曼人

釣魚達人L

我以這幾位人物來介紹解讀者的能力，應用在不同領域和情境中，展現出解讀能力可以創造的價值。

第二類——說明解讀者如何思考並轉化為知識工具

B的工業設計素描老師

佐藤可士和與手塚夫婦
我的工作夥伴 C
芭芭拉·明托
提姆·布朗
亨利·福特
賈伯斯

這幾位人物在書中出現的篇章，說明解讀者如何利用客觀的事實，展開有脈絡、有結構、有系統的思考，甚至提煉出時代的洞見，成為典範與世人仰望的極星。其中芭芭拉·明托和提姆·布朗，更進一步把自己的經驗建立系統化的知識，發展出有步驟且可以複製學習的思考工具。他們將自身的解讀歷程具體化，使自己與他人能使用和溝通，並讓團隊有合作的基礎，讓討論過程不至於像遠古手卷難以理解，或像神選之人才能開示的天啟。

第三類——說明解讀者內心歷程與蛻變的意義

喬瑟夫・坎伯

佛洛伊德

榮格

這三位本身就是偉大的解讀者，他們花費相當長的時間閱讀大量文本和實際進行訪視調查，最後分別提出對人內在精神面貌的創見，都是基於對人的行為與精神內在，進行深刻解讀所提出的洞見。

以上三種從外在行為、知識系統化到內在精神的分類，是我設想出讓各位讀者思考的脈絡。若進一步探究其內涵，就會進入我在這本書中想探討的關鍵問題：解讀能力對讀者自身帶來的影響。

要進一步思考這問題，我想藉閱讀素養的三個層次來進行探討。

根據OECD國際學生能力評測PISA閱讀素養的三個重要歷程與其所反映的思維層次，分別是：

擷取訊息（retrieving information / locating information）

須能辨識出文本中單一或多個重要的事實性訊息，例如：角色、地點、時間、場景、主題、字詞定義、特定觀點等，進行定位、排序或組合，以判斷文本中的哪些訊息與核心理解相關。

統整解釋（interpreting texts / understanding）

讀者必須了解文本不同段落或各部分資料適切的關係，從未明事物與訊息間建構意義的過程，展示對文本的完整和詳細的理解。這涉及證據的演繹與分析，在詞句的意涵中確認不明確或需要推論的關係。

省思評鑑（reflection and evaluation）

將所閱讀的內容與自己原有的知識、想法和經驗相連結，經過評價與省思過後，就文本內容及其形式如：文本結構、風格、語體、品質、觀點，提出自己的見解。

當我們了解閱讀素養三個歷程的內涵後，再來看這三個內涵與前述三組人物的代表關係。

本書第一部分，介紹幾位不同時代、文化背景與身分的人物，有諸葛亮、燭之武、布希曼人、釣魚達人L。在他們做出判斷之前，對外在客觀條件例如有形的足跡，或對象的內在心理有充分的掌握，再以事實為基礎進行判斷。這樣以客觀而廣泛的真實做為解讀與判斷的基礎，正是閱讀素養歷程中第一階段：「擷取訊息形成廣泛理解」。

事實可以彌補直覺的不足。獵人固然經驗充分，諸葛亮與燭之武雖然知識廣博、閱歷豐富，足以臆測對象的下一步，但若缺乏事實的支持，其結果僅是或然率較高的推估，難有具體說服的條件。

這裡所說的說服不限於對外而已，就我個人經驗來說，最難說服的通常是自己。往往已經有具體實證擺在眼前，自己卻會基於各式理由，忽視或選擇不接受。在閱讀與解讀過程中，這是常發生的致命錯誤，缺乏客觀事實的主觀臆測，往往成為我們陷落其中、難以覺察的幻象。

第二部分介紹幾位同樣能夠解讀事物，以發現問題、解決問題、提出創新事物為任務的人物，聚焦他們所分享的經驗與創造的方法工具。

這幾位人物具有一個共同的特質，他們都善於透過歸納與演繹的思考模式，探究出事物背後的原因，解釋形成問題的癥結，並且能歸納出步驟方法，讓自身的思維成為可重複使用的具體思考工具，同時做為對建構過程進行客觀檢視的規範。

能有效建立系統性的思考，也有助於建立共識，跨越個人與團體固著的認知，提出突破性的解讀，這與閱讀素養歷程中第二階段：「透過發展解釋、統整解釋，形成合理理解」的目標不謀而合。

最後一個部分，三位對人類內在精神面貌提出重要創見的人物，一位將難解的心理具象化，並發展出分析方法。另一位則透過各國神話，歸結出淬煉生命歷程的原型並賦予意義。最後一位，藉由外在激起的內心觸動，省思自身心靈在不同階段的轉變，窺見集體潛意識下，個別生命建立主體性的過程。這三位人物的例子都說明，若將對外解讀過程的經歷，視為自身內在的開拓與鍛鍊，過程中的每個步驟，都將擁有創造生命蛻變的價值與意義，同時，反映出生命隨時間前進外，一種向上層揚升、往另一個維度疊加的成長，進化為時時具有覺察力並接納改變的個體。

這與閱讀素養歷程中第三階段：「比較評估、省思評鑑」所代表意義相似。藉由比較與反思，評鑑閱讀或面對的問題，在過程中同時檢視自身原有的認知，對其進行必要性的更新，增添新知識，積累新經驗，建構新的心智思維，而這樣的改變就是學習。

統整個別的解釋，建立完整的結構與具有上下關連的核心概念

本書這三大部分，若想萃取其關鍵內涵，架構出簡要層級來說明三者之間的關係，我們可以再進行一次核心概念的提取，分別是：「觀察」、「思考」與「學習」（頁二六六，圖1）。

由這個圖對這本書進行分析解讀與最後統整，我們能得出基本而簡要的結論。書中藉由人物與事例的介紹，說明解讀能力跨越時空與文化的差異，廣泛存在於不同身分的人身上，應用於不同時機與目的。當我們能掌握解讀的思維與工具化應用，除了能解決我們關注的外在問題，也可以藉由同樣的能力，進行反觀自省的自我解讀，達成自身的蛻變與成長。

這個理解為這本書建構出具體的意義。但有個很務實的問題卻依然存在：閱讀本書至此，就擁有解讀能力嗎？

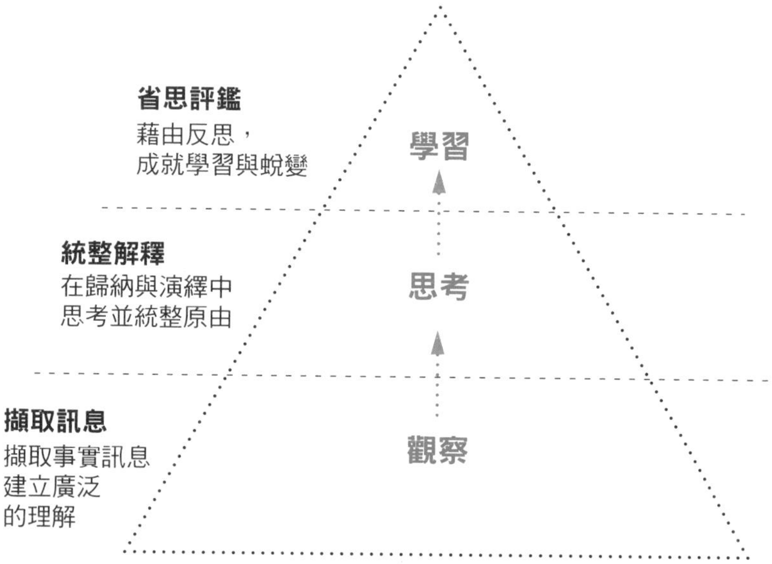

圖 1——

擷取訊息、統整解釋與省思評鑑是閱讀素養的三個歷程，若將這三個歷程代入閱讀與解讀的讀者蛻變過程，可以從這張圖看到兩組歷程之間的關係：解讀帶給讀者的學習與蛻變，應用的是閱讀素養歷程三個階段的能力與行為表現。

答案可能無法確定，因為這本書的確介紹了解讀的行為與思維，幫助我們認識它的重要性，卻無法讓讀者立刻擁有這項能力。所以我想再多做補充，縮短實踐的距離，或許可以繼續探討與分享一些例子，應該會有幫助，就讓我們從接下來的問題繼續前進吧。

知識與經驗是解讀的根基，但需要動態式的檢視與監控

或許你在閱讀這本書的過程中，心中會浮現這個問題：我們過去不管是閱讀或是本書所說的解讀，未使用本書中介紹的思考工具或思維上的條件，依舊可以理解，原因和差異在哪裡？

這真是個好問題。的確，理解事物或問題，不必然會需要這些工具。但

是在這種條件下仍然可以理解，我認為大部分原因是運氣好，或是使用了部分工具和原則而不自知。

這情況就像書中第一部分的人物，應用個人擁有的先備知識與經驗，進行近乎於直覺的判斷。就像老師傅在看徒弟做事一樣，能在徒弟還沒出問題之前，就警告接下來會發生什麼情況。若徒弟不明就裡繼續蠻幹，沒多久真的發生師傅提醒的危險，徒弟不免驚嘆老師傅料事如神。其實，真正的原因是經驗與知識的不對等。

通過生活經驗與知識學習，我們在頭腦裡積累相當豐富、有助於辨識與判斷的內容。如果面對的事物與問題，是過往知識經驗可以應對的，大部分人都能正確回應。但另外屬於心理上的因素，卻創造出一種個人情境，讓我們誤以為能理解外在的事物。

人腦做為人類思考與行為的主控中心，為了增進決策與判斷效率，在演化過程中，建構出一套快速處理資訊的規則。但是這些心理思考判斷的捷徑，有時不但無法有效率做出合理判斷，更會創造出認知偏誤。認知偏誤的形式非常多，客觀歸納主要原因，大多是固著於主觀所形成的行為、態度與思維偏誤。

個人的主觀是由生活中取得的經驗與知識，逐步形塑而來，當這主觀固化為心理底層的基模，或一般所稱的心智習慣，它就反過來影響認知的選擇與判斷。例如，「舒適圈偏誤」就很普遍發生在大多數人身上。人們會避免去接觸自己不熟悉的事物，尤其是對接下來可能會付出未知代價的事。因這自我保護的自然心態，無意中為自己創造出熟悉的、可以應付、沒有太多意外的舒適圈。

這種情況會反映在許多事情上，例如閱讀總是讀自己能讀的書籍、服裝總是選擇令自己安心的裝扮、工作上大部分選擇自己熟悉的領域……等等，久而久之就形成以自己為中心的世界，自己是那個世界的主宰，因為個人的知識與經驗，均來自於自己框建出的世界，一切的事都瞭若指掌，沒有不熟悉、不理解的事。

這行為本身沒有對錯，甚至是競爭優勢。但真實的世界並不以某個人為中心，而是無限開闊、有無限可能的宇宙。甚至以無窮的變化，對每個人的生命開展設下問題，提出挑戰。

全知是知曉外在，也明瞭自身

剛才談到個人以經驗與知識，為自己創造一個以自己為中心的世界，如果我們以兩個圓分別代表先備知識與經驗，並且讓它們重疊，就會看到有部分的面積交疊出一個像眼睛一樣的區塊（頁二七一，圖2）：

這張圖中兩個圈圈分別代表我們的先備知識與經驗，但是在經驗與知識圈中，經驗驗證過的知識，或是由經驗歸結出來的知識，可能只是交疊的那

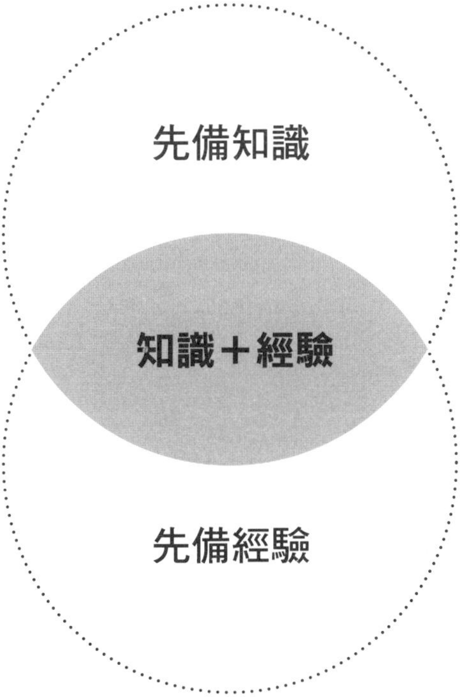

圖 2——

個人所擁有的先備知識與經驗中，可能包含許多真假不明或是破碎、片段的道聽途說，未曾被驗證，需要更新或待釐清的內容。
圖中兩個圓交集如眼睛狀的圖形，代表知識與經驗相互驗證的個人所知。

一部分。其他部分的知識與經驗，都是外在取得，其中可能有真有假，或是破碎、片段，或是道聽塗說，這些未曾被驗證的事，都成為我們認知世界、解讀事物的基礎。加上外在世界不斷更新，這樣的判斷基礎不確定性與風險實在很高。因此，如果我們能將這兩個知識與經驗的圓，盡量擴大兩者重疊的面積，就可以擴大客觀而合理的解讀與判斷基礎。

這個想法有道理，但是要如何做到呢？我認為二六六頁以閱讀素養為歷程，以觀察、思考、學習為架構的三角形（圖1），可以幫助我們達成這個想法。

我現在把那三角形套到這兩個重疊的圓圈上，會得到二七三頁圖3這個圖形。如果對符號學有興趣，或讀過美國小說家丹·布朗的暢銷小說《達文西密碼》，看到這圖案或許會馬上聯想到一美元紙鈔上，那個金字塔尖端的全知之眼（all-seeing eye），或是代表基督教三位一體的理性之眼（eye of logos）。

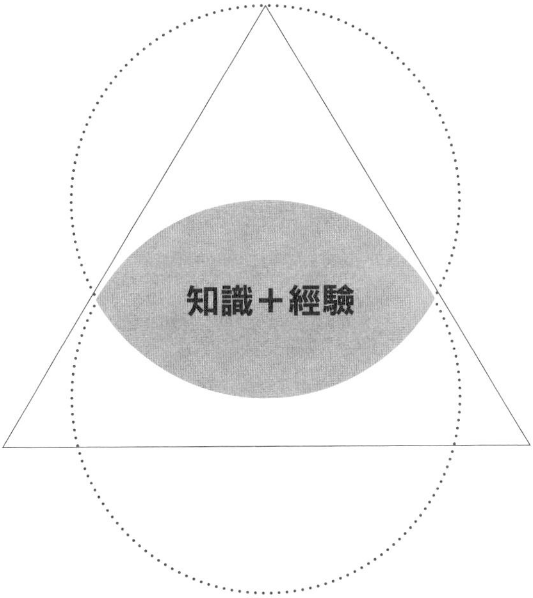

圖 3——

將前述融合閱讀歷程與代表解讀者內在轉變的三角形，套入個人先備知識和經驗上，成為個人對外探究和心智開展的框架。

這似乎是某種巧合，不過，在我個人的想法中，這圖形的確代表將未明的知識與經驗，以客觀理性的建構歷程進行解讀與統合，讓知識與經驗相互驗證，達到嚴謹而正確的認知，讓兩個圓持續的擴大並趨近於相互重疊。最後會成為二七五頁圖 4 的狀態。代表知識與經驗在理性探究的架構下得到驗證合而為一，並內化成為學習。

當圖中的三角形不斷向外延伸，中間統合經驗與知識的圓也將不斷擴張，若以此運作當成自身不斷開展的方式，將會擴大對世界的理解，豐富內在心靈，最終使生命與心智思維提升。

解讀的過程，表面上看似是對外在事物進行理解，卻需要自身內在條件支持，如同本書我分享自己的經驗，不同階段的經歷，啟發我在過程中解讀內在、創造自己。

過去幾年的閱讀工作坊中，我經常分享大英百科全書總編輯指導莫提

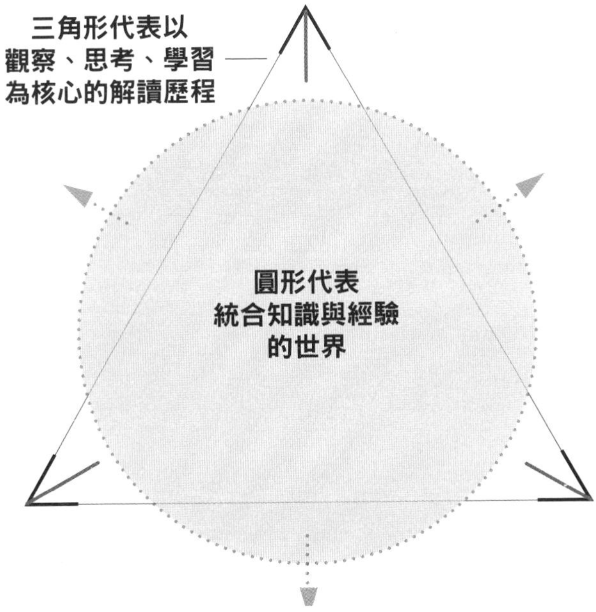
三角形代表以
觀察、思考、學習
為核心的解讀歷程
圓形代表
統合知識與經驗
的世界

圖 4——

在代表閱讀和解讀歷程的三角框架裡，個人的知識與經驗在過程中，持續相互驗證，提升其合理和正確性，形成一個持續疊加擴展的領域。三個角就如同往外向未知領域擴展的箭頭，在擴大三角形的同時，也擴大中心以知識與經驗為基礎的已知疆界，開展實事求是、知行合一的個體與世界。

默・艾德勒（Mortimer J. Adler）的一句話：「閱讀有一部分的本質是困惑，而且知道自己被困惑。」

我喜歡分享這段話，因為這句話提醒所有的讀者，困惑是閱讀中必然會發生的情況，這本來就是閱讀的一項本質。

因為困惑，我們需要閱讀，在閱讀中產生困惑，更需要為解決困惑而閱讀。在閱讀與困惑的迴圈中，最為關鍵的是知道自己被困惑中的「知道」。這代表能超然於自身感受以外，可以了解又同時可以監控的能力，在認知上稱為「後設認知」。

如果對「後設認知」這個名詞感到陌生，換成另一種說法可能比較容易理解，就是「覺察」、「覺知」的能力。

若是「知道自己被困惑」的覺知能力能幫助讀者跨越舒適圈，創造認知上的新旅程，我想把莫提默・艾德勒所說的話調整成新的版本。我認為：「閱讀有一部分的本質是創造，而且知道自己在創造。」

閱讀與解讀的終極目的是為了創造

諸葛亮借東風和逃離追殺的計謀是創造，燭之武勸退秦穆公、化解鄭國危機成為東道主的大戰略思維是創造，布希曼人與釣魚達人L的狩獵捕魚策略是創造，B以蜻蜓翅膀為本所設計的風帆是創造，麥肯錫顧問公司芭芭拉．明托提出的金字塔結構是創造，提姆．布朗的設計思考思維是創造，而且幫助他人創造。

亨利．福特和賈伯斯，更是解讀出時代的需要，創造改變世界的洞見。最後，榮格和喬瑟夫．坎伯，以人類自身與投射在神話中的內在故事，解讀出原本難以窺視與參悟的生命歷程，賦予象徵並建立原型，啟發世人對生命意義的追尋，這也是創造。

在這些過程中，他們不僅知道自己被困惑，同時也知道自己正在創造。

若創造是閱讀與解讀的積極意義，最後，我就以創造思維為核心，將書中兩個概念性總結的圖再做一次統整，收斂為這本書的主旨。

我將第七章統整閱讀歷程、英雄之旅與第五項修練歷程的圖，套上以觀察、思考與學習三角所創造出來，對外擴大統合知識與經驗開展世界的圖，就得出下頁的圖5。

這代表個人或團體由內而外的轉化與開展歷程，都基於解讀的能力。解讀不只是理解的過程，更是創造的過程。

它創造出對事物的認知，也創造出解決問題的方案，更以創造賦予萬物與自身存在的意義。

最後，創造因為學習而成為更好的自己或團體。

從這層次來看，在這個混亂的時代，每個人需要的不是解答，而是自己理出答案的修為。

解讀者不再是一種身分，而是必要的生存能力與態度。

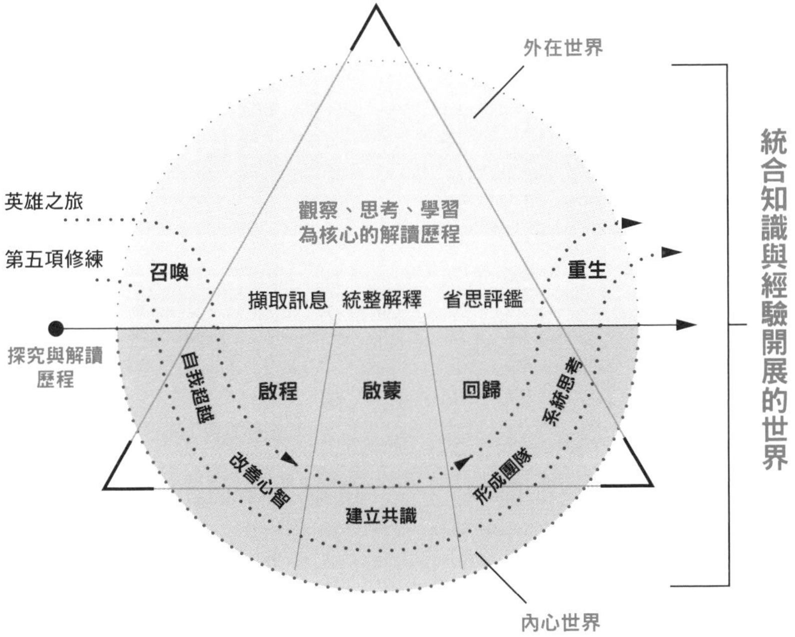

圖 5——

在向外開展、對內統合的閱讀與解讀歷程，代表生命蛻變的英雄之旅和凝聚內在的修練之路，在解讀者身上也同時進行。

解讀自身與萬物的意義，創造個人與世界的未來

股神巴菲特曾說過：「我什麼都讀：企業年報、10-K報表、10-Q報表、傳記、歷史書，每天還要讀五份報紙。在飛機上，我會閱讀椅背後的安全指南。閱讀是很重要的。這麼多年來，是閱讀讓我致富。」

我想，如果閱讀這些內容能致富的話，你我每天閱讀的內容也不少，我們應該也能擁有股神的身家吧，但事實遠非如此。可見，關鍵不是讀了什麼，而是在閱讀的內容中，如何解讀出對市場或未來的洞見，做為創造價值的最佳答案。

這世界固然存在許多問題，但同時也存在可以解決問題的答案，等待我們將其解讀出來。思考是每個人天生就擁有的能力，可是以往有標準答案的學習歷程，弱化也阻礙思考能力的養成。單純認同他人的想法不是思考，反

而是迴避思考的表現。而以原有的知識或經驗去判斷一件事情，只是在原有的框架中重複自己而已。

多年前紅極一時的科幻影集《X檔案》在每一集結束時會出現一句話：「The truth is out there.」這句話提醒我，真相依舊等待我們去探尋。

拒絕理所當然，想培養超越自身框架的解讀能力，可以多接觸新事物，思考以前未接觸過的領域，多嘗試自己原本不熟悉的思考與方法，如本書所介紹幾種獲得廣泛肯定與應用的思考工具，可以逐步提升思考力。面對社會中激發不同立場討論的事件或現象往往是最好的練習課題。透過探究事件的本質，或多方了解不同立場的原由，發展出多面向思考維度的辯證過程，以導出結論。這樣的思維就能不受限於原有條件。如同冒險家不斷的去發掘每類事物，敏銳觀察每個動向。

在有確切證據支持的條件下，不要懷疑自己所發現的價值，如果自己不能先肯定它，就也無能為力去說服別人。所有的練習過程一定是辛苦的，甚至與多數人的觀點不同，但是不要輕易放棄。堅持會促使我們更努力去思考，以更為充分嚴謹的事證，為解讀的結果找到合理的依據。別忘了，很多時候真實的洞見，往往不同凡「想」。

●解讀包含了發現和創造，只有開始，沒有終點，人類因此不凡……

最後，你或許會問，成為解讀者最大的價值是什麼？

我認為，一位真正的解讀者，是將思考做為生命態度的人。在這前提下，無論是失敗或是成功，都能在其中獲得學習，做為改變自己的養分。

如此一來，失敗與成功的意義將會改變，因為一切都是歷程，不再因情緒或是一時的成就，成為內心固著的執念，限制超越的機會，最終達到個人的成長，獲得真正的自由。如榮格所說，完成個體化的歷程，成為能掌控自己、獨立自主的人。

讀完這本書，各位解讀者，你想用你對世界的解讀與洞見創造什麼？

書結束了，旅程，現在才開始！

教育教養 BEP 067

解讀者

讓閱讀進階，接軌真實情境和真實問題

作者 — 黃國珍

總編輯 — 吳佩穎
人文館總監 — 楊郁慧
責任編輯 — 莊琬華（特約）、楊郁慧
封面設計 — 張議文
內頁設計 — 陳文德（特約）
內頁排版 — 顧力榮（特約）

出版者 — 遠見天下文化出版股份有限公司
創辦人 — 高希均、王力行
遠見·天下文化 事業群榮譽董事長 — 高希均
遠見·天下文化 事業群董事長 — 王力行
天下文化社長 — 林天來
國際事務開發部兼版權中心總監 — 潘欣
法律顧問 — 理律法律事務所陳長文律師
著作權顧問 — 魏啟翔律師
社址 — 臺北市 104 松江路 93 巷 1 號
讀者服務專線 — （02）2662-0012
傳真 — （02）2662-0007；2662-0009
電子郵件信箱 — cwpc@cwgv.com.tw
直接郵撥帳號 — 1326703-6 遠見天下文化出版股份有限公司

製版廠 — 東豪印刷事業有限公司
印刷廠 — 祥峰印刷事業有限公司
裝訂廠 — 台興印刷裝訂股份有限公司
登記證 — 局版台業字第 2517 號
總經銷 — 大和書報圖書股份有限公司 | 電話 — （02）8990-2588
出版日期 — 2021 年 11 月 30 日第一版第 1 次印行
2023 年 7 月 31 日第一版第 4 次印行

定價 — NT 380 元
ISBN— 978-986-525-315-8 | EISBN— 9789865253196（EPUB）；9789865253141（PDF）
書號 — BEP 067
天下文化官網 — bookzone.cwgv.com.tw

國家圖書館出版品預行編目 (CIP) 資料

解讀者：讓閱讀進階，接軌真實情境和真實問題 / 黃國珍著. -- 第一版. -- 臺北市：遠見天下文化出版股份有限公司，2021.11
面； 公分. --（教育教養；BEP067）
ISBN 978-986-525-315-8(平裝)

1. 閱讀指導

019.1 110015407

天下文化
BELIEVE IN READING